Ralf Frisch

Er

T V Z

Ralf Frisch

Er

Ein Zwiegespräch mit dem Mann,
der Jesus erfand

TVZ
Theologischer Verlag Zürich

Der Theologische Verlag Zürich wird vom Bundesamt für Kultur mit einem Strukturbeitrag für die Jahre 2019–2020 unterstützt.

Bibliografische Informationen
der Deutschen Nationalbibliothek
Die Deutsche Nationalbibliothek verzeichnet diese Publikation in der Deutschen Nationalbibliografie; detaillierte bibliografische Daten sind im Internet über http://dnb.dnb.de abrufbar.

Umschlaggestaltung
Simone Ackermann, Zürich
Unter Verwendung (Detail) des Bilds «Christ 112 Times, Last Supper» von Andy Warhol. © The Andy Warhol Foundation for the Visual Arts, Inc. / 2019, ProLitteris, Zürich.

Druck
Rosch-Buch GmbH, Scheßlitz

2. Auflage
ISBN 978-3-290-18300-4 (Print)
ISBN 978-3-290-18301-1 (E-Book: PDF)

© 2020 Theologischer Verlag Zürich
www.tvz-verlag.ch
Alle Rechte vorbehalten

»You don't believe in the Force, do you?«

Luke Skywalker zu Han Solo
im Film »Star Wars. A New Hope«

Inhalt

Vorwort
9

Annäherung
Die Erschaffung eines Himmelskörpers
13

Was ist Wahrheit?
Der Held und die Helden der Anderswelt
27

Herr über die unreinen Geister
Das Evangelium als Exorzismus
und Antidämonikum
45

Jenseits des Menschlich-Allzumenschlichen
Der verklärte Menschensohn
63

Weltfremdwerdung
Die Einsamkeit und der ganz Andere
83

Erlösende Schönheit
Der Widerstand des Gesalbten gegen das Hässliche
105

Passion statt Blutleere
Die Lebensbejahung Jesu
121

Heiliger Zorn
Der Wütende und der Weise
131

Unendlicher Schmerz
Das spezifische Gewicht des Kreuzes
147

»Er ist nicht hier.«
Die Entfernung Jesu ins Nichts
161

Die Wiederkehr des Fremden vom Himmel
Jesus Christus morgen und in Ewigkeit
175

Vorwort

Dieses Buch ist ein Zwiegespräch. Ein Zwiegespräch mit mir selbst und mit einem, der eines Tages vor mein inneres Auge trat, als ich über der Bibel sass und mich angesichts des Markusevangeliums in Fragen vertiefte, die auch nach vielen Jahren Theologie und nach vielen Jahren Kirche nicht aufhören, an mir zu zerren.

Wer war Jesus von Nazaret? Wer ist er für uns Heutige? Wer kann er für eine Zukunft sein, die sich noch weiter als wir vom Ursprung des christlichen Glaubens entfernt haben wird? Und nicht zuletzt: Ist Jesus von Nazaret wirklich der Weg, die Wahrheit und das Leben?

Der imaginäre Gesprächspartner, der ungerufen herbeikam, um mit mir und mit der Wirklichkeit und Wahrheit des Fremden aus Galiläa zu ringen, ist seinerseits ein Fremder. Die, die ihn schon eine Generation später nicht mehr kannten, gaben ihm den Namen Markus und benannten seine Schrift, das älteste Evangelium, nach diesem Namen.

Als mir dieser Unbekannte aus der Vergangenheit erschien, fiel es mir auf einmal leichter, der Frage nach der Wahrheit und nach dem Geheimnis Jesu auf die Spur zu kommen. Im Zwiegespräch mit dem fremden Evangelisten, den meine Phantasie in diesem Buch an die Seite seiner Schrift stellt, wurde das allzu vertraute Evangelium unversehens fremder und faszinierender denn je. So manche Richtigkeiten der neutestamentlichen Exegese, der traditionellen Dogmatik und der gegenwärtigen Theologie verblassten und gaben den Blick auf Neuland frei. Der Horizont weitete sich, als ich begann, den Text wider alle Regeln historisch-kritischer Literaturwissenschaft und Hermeneutik mit seinem Autor zu konfrontieren und meiner kreativen theologischen Einbildungskraft freien Lauf zu lassen.

Ich habe beim Schreiben nicht gezögert, dieses Neuland zu betreten – auch auf die Gefahr hin, dort in theologisch hochriskante Abenteuer zu geraten, von denen Sie, liebe Leserinnen und Leser, sich möglicherweise kopfschüttelnd abwenden. Vielleicht geht es Ihnen mit der Lektüre aber ja auch ganz anders. Vielleicht springt ein Funke meiner Imagination auf Sie über – ein Funke, der Sie neu nach der Wahrheit Jesu, nach der Wahrheit seines Evangeliums und nach der Wahrheit Ihres Lebens fragen lässt.

Sie werden nahezu jedem Satz dieses Buchs anmerken, wie sehr mich die Frage nach der Wirklichkeit und nach der Wahrheit Jesu Christi beim Schreiben umgetrieben hat. Und wenn Sie beim Lesen entdecken, dass auch Sie mit Jesus noch nicht fertig sind, dann hat mein Buch seinen Zweck erfüllt – den Zweck, diejenigen, die es zur Hand nehmen, in die heilsame Unruhe des Ringens mit dem Mann aus Nazaret zu versetzen – in einen Zustand also, der ziemlich genau das Gegenteil von Langeweile ist.

Ich verbinde dieses Vorwort mit einem Dank. Er gilt Lisa Briner, der Leiterin des Theologischen Verlags Zürich, und ihrem wunderbaren Team, insbesondere

Bigna Hauser. Ich danke ihnen allen sehr herzlich für den Mut, einmal mehr ein ungewöhnliches und riskantes Buch zu veröffentlichen – ein Buch, von dem ich mir wünsche, dass es Sie, liebe Leserinnen und Leser, inspiriert und vielleicht sogar ein wenig über den Boden der Tatsachen erhebt.

In der Fränkischen Schweiz
im Spätwinter 2020

Ralf Frisch

0

Und sogleich, als er aus dem Wasser stieg, sah er den Himmel sich teilen und den Geist wie eine Taube auf sich herabsteigen.

Markus 1,10

Annäherung

Die Erschaffung eines Himmelskörpers

Es zieht mich ins Markusevangelium. Immer wieder lese ich es. Vom Anfang bis zum Ende. Was suche ich dort? Vielleicht doch das Geheimnis des Ursprungs. Den Zündfunken des christlichen Glaubens. Den, der alles auslöste. Den Menschen Jesus von Nazaret. Den, von dem ich glaube, dass in ihm ein ganz anderes Menschsein das Licht der Welt erblickte. Ein Menschsein, das nicht und niemals der Vergangenheit angehören kann. Ein Menschsein, das die Wahrheit und das Geheimnis des Daseins und das Geheimnis und die Wahrheit Gottes offenbart.

Doch mein Wunsch, dem Menschen Jesus zu begegnen, zerschellt an einer Einsicht, die sich zwar schon seit Jahrzehnten in mir festgesetzt hat, mich aber erst nach wiederholter Lektüre des ältesten Evangeliums wirklich in ihrer ganzen Konsequenz ereilt. Denn mir wird klar, dass das Leben Jesu von Nazaret, das uns der Evangelist vor Augen malt, eine Erfindung ist. Eine Erfindung jenes Unbekannten, den der Kirchenvater Papias von Hierapolis um das Jahr 100 nach Christus für Markus, den Dolmetscher des Petrus, hielt.

Er, der sogenannte Markus, der Mann, der das erste Evangelium schrieb, war es, der das Leben Jesu erfand. Er war es, der die Erinnerungs- und Überlieferungsbruchstücke, die in den ersten christlichen Gemeinden kursierten, wie Perlen auf eine Kette aufreihte und dieser Kette den Namen »Evangelium« gab. Und zwar deshalb, weil er das, was er zu sagen hatte, für die schlechthin gute Nachricht, ja sogar für das Bestmögliche hielt, was es über Gott und die Welt zu sagen gibt. Ohne ihn, den unbekannten Evangelisten aus dem ersten Jahrhundert nach Christus, stünde das Leben Jesu nicht als Geschichte vor uns, und wir könnten es nicht als Geschichte erzählen. Ohne ihn, den Autor des ältesten Evangeliums, gäbe es die literarische Gattung Evangelium nicht. Paulus, der vor ihm über Christus schrieb, hatte das Leben des Mannes aus Nazaret nicht vor Augen, und er wollte es auch nicht vor Augen haben, weil er von diesem Leben letztlich nichts wissen wollte. Jedenfalls nichts, was sich vor dem Tod Jesu abspielte. Nur dessen Ende, das keines war, und die Bedeutung dieses Endes für den christlichen Glauben zählten für ihn. Dass Paulus das Leben Jesu gleichgültig war, zeigt sich nicht zuletzt an den berühmten Sätzen, die er im fünfzehnten Kapitel seines ersten Briefs an die Gemeinde in Korinth über die Auferstehung schrieb: »Gesät wird in Vergänglichkeit, auferweckt wird in Unvergänglichkeit [...] Gesät wird ein natürlicher Leib, auferweckt wird ein geistlicher Leib.«

Während für Paulus der natürliche Leib Jesu im Grab verweste, lässt Markus den irdischen Jesus, dessen Lebensgeschichte ihm ganz und gar nicht gleichgültig war, in die Worte seines Evangeliums hinein auferstehen. Weil Markus wusste, dass es auch eine Verwesung durch Vergessen gibt, setzte er sich daran, diese Lebensgeschichte zu konservieren, indem er sie erzählbar machte. Einzelne Gleichnisse und einzelne Jesusworte, zu denen sich dann andere Gleichnisse, andere Worte und andere Weisheiten anderer Menschen hinzugesellten, weil sie zur Verkündigung Jesu zu passen schienen, waren ihm in ihrer losen und ungebundenen Form zu wenig und vielleicht nicht haltbar genug. Er wollte, so stelle ich mir vor, aus den zahllosen Mosaiksteinen der urchristlichen Überlieferung ein Bild schaffen. Ein Bild eines Menschen, das zugleich ein Bild eines Gottes war. Nicht das, was man heute unter einer Biografie versteht. Ganz und gar nicht. Aber doch ein Bild. Er wollte dem Verkündigten die Gestalt eines Lebens verleihen, durch deren Gegenwart alles andere von ihm Erzählte noch gegenwärtiger und noch intensiver präsent werden sollte. Wahrscheinlich verstand er sich also in gewisser Weise als Retter Jesu. Als Retter des Retters sozusagen. Als Retter, der dafür sorgen wollte, dass die letzten »heissen« Erinnerungen an den Galiläer nicht erkalten und nicht im Dunkel der Geschichte verloren gehen.

In Markus 13,1 lässt der Evangelist einen der Jünger Jesu im Blick auf den Jerusalemer Tempel zu seinem Herrn sagen: »Meister, schau, was für Steine und was für Bauten!« Und Jesus entgegnet ihm einen Vers später: »Hier wird kein Stein auf dem andern bleiben.« Wenn in diesen Sätzen tatsächlich die Erfahrung der Zerstörung des Jerusalemer Tempels verarbeitet ist, also das Markusevangelium nicht vor dem Jahr 70 nach Christus vollendet wurde, dann schrieb der unbekannte Evangelist fast zwei Generationen nach dem Tod Jesu gegen das Vergessen an. Er, der Jesus von Nazaret zu Lebzeiten nie begegnet war, rettete das wertvolle Treibgut der Jesuserinnerung vor dem Schicksal, irgendwann nicht einmal mehr Erinnerung zu sein, sondern endgültig von der Geschichte weggeschwemmt zu werden. Er bewahrte Jesus von Nazaret davor, zur »Black Box« oder zum »White Cube« zu werden, der sich mit beliebigen Bildern und Projektionen füllen lässt. Und so wurde er nicht nur zum Retter und Konservator, sondern auch zu einer Art Kurator des seiner Überzeugung nach von Gott selbst aus der Ewigkeit an die Gestade der Zeit gespülten Lebens Jesu.

Wenn aber der älteste Evangelist nicht nur Schöpfer, sondern als Retter der Erinnerung auch Erhalter war, dann ist das Kunstwerk, das er geschaffen hat, womöglich doch vollgesogen mit verwandelter, Literatur gewordener Wirklichkeit. Ich gestehe, dass ich gern von dem Mann, den sie Markus nannten, erfahren würde, was er, der zweitausend Jahre Ältere, unter Wirklichkeit und unter Wahrheit verstand. War er sich im Klaren über den Unterschied zwischen Fakten und Fiktionen? Oder würde er mir lächelnd entgegenhalten, dass er den Unterschied gar nicht verstehe – so, wie ja auch wir Heutigen, Kinder einer immer postfaktischer und immer virtueller werdenden Welt, diesen Unterschied aus dem Blick verlieren? Denn auch wir realisieren ja oft nicht, dass unser Wirklichkeitsverständnis massgeblich auf grossen Erzählungen und Suggestionen beruht, die es fundieren, ohne dass wir die Wahrheit dieser Erzählungen und Suggestionen ihrerseits überprüfen könnten oder wollten.

Und als ich mich frage, was Wahrheit und Wirklichkeit wohl für ihn bedeutet haben, ist er auf einmal da, der fremde Evangelist. Als ich von meiner Lektüre seines Evangeliums aufblicke, in das ich mich vergraben habe, um aus ihm die Wahrheit zu Tage zu fördern, die mein Leben und das Leben Jesu in ein neues Licht tauchen soll, sehe ich ihn. Ich weiss nicht, woher er kommt, und ich weiss nicht, wo er sitzt, als er seine Feder aus der Hand legt. Jetzt, da vollendet ist, was er zuvor ersonnen, gedreht, gewendet und schliesslich in eine Schrift übersetzt hat, die durch den Ozean der Jahrtausende den Weg zu uns gefunden hat. Ich sehe ihn vor mir, wie er seinen letzten Satz zu Papyrus bringt. Und ich sehe ihn vor mir, wie er buchstäblich mit dem Anfang anfängt und an diesem Anfang das griechische Wort für »Anfang« niederschreibt. Vielleicht zögerlich. Vielleicht auch voller entschlossener Bestimmtheit, die in seinem Evangelium daran sichtbar wird, dass auf dieses erste Wort Satz für Satz Letztgültiges und Letztinstanzliches folgt. Sechzehn Kapitel lang. Bis zum letzten Wort, einem eigenartigen «nämlich»: »Sie fürchteten sich nämlich.« Alles andere, was danach kommt, sich aber in den wichtigsten und ältesten Handschriften des Markusevangeliums nicht findet, haben andere, Spätere hinzugefügt. Vielleicht, weil ihnen dieses atemlose, fast literarisch moderne Ende so wenig geheuer war, dass sie sich gefragt haben, ob ein Buch, das mit solch majestätischen Worten beginnt, wirklich derart abgerissen und gewissermassen mit offenem Mund enden kann. Aber so ist es. Markus stillt unsere Sehnsucht nach einem Wiedersehen mit dem ins Leben zurückgekehrten Jesus nicht. Er lässt uns allein mit dem Entsetzen der Frauen, über die zuerst angesichts des sinnleeren Todes und dann angesichts des jesusleeren Grabes eine grosse Fassungslosigkeit kam.

Ich sehe ihn also vor seinem Evangelium sitzen, den Fremden aus der Vergangenheit. Irgendwo in der mediterranen Welt, eines Abends, im verdämmernden Licht des Tages. Vielleicht legt er in diesem Augenblick, in dem er mir vor meinem inneren Auge erscheint, den Zeigefinger auf die Lippen. Vielleicht hält er inne und blickt in den Himmel, um darüber nachzudenken, ob die Worte, die er gefunden hat, tragfähig genug für das Gewicht des Himmels sind. Denkt er, dass der Mann aus Nazaret jetzt dort oben, in diesem rätselhaften Himmel ist und irgendwann aus diesem Himmel auf die Erde zurückkehren wird? Oder weiss er in diesem Moment genau wie wir, dass der Himmel, dessen Wolken er im ersten Kapitel sich zerteilen lässt, um Gottes Liebeserklärung an Jesus hörbar zu machen, nur eine Metapher für eine ganz andere Wirklichkeit ist? Und dämmert ihm angesichts der ersten, zaghaft funkelnden Sterne, dass er selbst etwas Sonnen- und Sternengleiches, einen Himmelskörper also, geschaffen hat?

Ich hätte Lust, mich ihm anzunähern, mich neben ihn zu setzen und ihm zu erzählen, was es mit Himmel und Erde aus der Sicht jener Wissenschaften auf sich hat, die vielleicht nur wenige hundert Kilometer von ihm entfernt im sechsten Jahrhundert vor Christus in Ionien zur Welt kamen. Ich hätte Lust, ihm davon zu erzählen, dass manche Himmelskörper so schwer sind, dass ihre Anziehungskraft Raum und Zeit verformt – manchmal sogar so sehr, dass nicht einmal mehr das Licht dem Sog ihrer Gravitation entrinnt. Ich hätte Lust, ihm davon zu erzählen, dass es Schwarze Löcher gibt, deren Schwerkraft so gross ist, dass Wissenschaftlerinnen und Wissenschaftler mit dem Gedanken liebäugeln, im unzugänglichen und unsichtbaren Inneren dieser Schwarzen Löcher könnte das Raum-Zeit-Kontinuum zerreissen und den Weg in ein anderes Universum und in einen anderen Himmel freigeben, den kein Mensch jemals gesehen hat. Und ich hätte

Lust, ihm davon zu erzählen, dass man das unzugänglich dunkle Innere eines Schwarzen Loches eine Singularität nennt. All dies würde ich ihm aber nicht etwa deshalb erzählen, weil ich ihm seinen begrenzten Horizont vor Augen zu führen gedenke, sondern um mein Bedauern zum Ausdruck zu bringen, welche metaphorischen Möglichkeiten ihm mangels des naturwissenschaftlichen Wissens künftiger Epochen bei der Abfassung seines Evangeliums entgingen.

»Wie bedauerlich, Markus«, würde ich also zu ihm sagen, »dass du nicht ahnen konntest, welch wunderbare Bilder dir die Astronomie meiner Gegenwart für die Beschreibung des Himmelskörpers zur Verfügung hätte stellen können, um den dein Evangelium kreist! Denn das ist es ja doch, was du getan hast. Du hast einen Himmelskörper geschaffen. Eine Singularität von ungeheurer Intensität und von ungeheurer Anziehungskraft. Eine Wirklichkeit, deren Schwerkraft den Erfahrungsraum, den Wirklichkeitsraum und den Wahrnehmungsraum in ihrer Nähe verformt. Eine Wirklichkeit, die nicht nur die Wirklichkeit eines intensiven Menschen, sondern die Intensität Gottes zur Erscheinung bringt, aber auch deren Gegenteil offenbart: das Schwarze Loch aussichtsloser Gottverlassenheit, zu dem dieses singuläre Leben wird, als es am Ende implodiert. Du hast eine einzigartige magnetische Wirklichkeit geschaffen. Eine Wirklichkeit, deren Intensität auch in ihrem Leiden so gewaltig ist, dass ihre Anziehungskraft nicht nur in ihrer Nähe, sondern auch in der Ferne anderer Zeiten und Welten wirkt. Gravitation ist die einzige uns bekannte Kraft, die Raum und Zeit überwindet, weil sie die Textur von Raum und Zeit verändern und wie ein Stein, der ins Wasser fällt, Wellen in der Raumzeit schlagen und das Raum-Zeit-Kontinuum verformen kann!«

Das würde ich ihm sagen – ihm, dem fremden Evangelisten, den ich auf den folgenden Seiten der Einfachheit halber bei demjenigen Namen nennen will, nach dem sein Evangelium seit je benannt ist. Ich weiss nicht, ob er, Markus, es verstehen könnte. Und ich weiss auch nicht, ob er von dieser astronomischen Metaphorik so zu begeistern wäre, wie ich selbst von ihr begeistert bin. Denn ist es ihm nicht auch ohne die Kenntnis der Astrophysik meiner Zeit gelungen, uns eine intensive, singuläre Präsenz vor Augen zu führen? Ist die Intensität seiner Worte nicht ebenso gewaltig wie ihr Inhalt? Ist sein Evangelium, das von einer ungeheueren Kraft zeugt, nicht eine Kraft, die es mit den lebenszerstörerischen Kräften und dem Chaos der Welt aufnehmen kann, aus dem heraus und in das hinein Markus seinen Stern gebar? Seinen Stern Jesus, dessen Strahlkraft er deshalb ins nahezu Unermessliche steigerte?

»Wolltest du das, Markus?«, frage ich ihn. »Wolltest du eine Intensität erzeugen, die deinen Herrn den Zeitgenossen und Zeitgenossinnen deiner Zeit und aller Zeiten so in die Seele einprägt, dass sie nicht mehr daran zweifeln, dass es einen gibt, der es mit allen, sogar mit dem Satan und mit dem Tod, aufnehmen kann?«

Ich stelle mir vor, dass er, der Fremde aus der Vergangenheit, mir, dem Fremden aus der Zukunft, in die Augen blickt und sagt: »Ich wollte Worte machen, die so schwer und so kostbar sind wie ein Goldstück. Worte, die auch dann nicht vergehen, wenn eines letzten Tages Himmel und Erde vergehen. Worte mit Gewicht. Worte, denen man nicht davonlaufen kann, weil sie einen immer wieder auf sich zurücklenken, zurückwerfen und zu sich heimholen. Worte, deren Schwere einen alles Leichtgewichtige, aber auch alles Schwergewichtige des eigenen Lebens vergessen lässt. Worte wie eine Gravur. Gravierende Worte. Ich wollte Worte machen, die so kostbar sind, dass man sich an sie klammert, weil man sie unter gar keinen Umständen verlieren will.«

Und an dieser Stelle würde er vielleicht mit den Schultern zucken und beteuern: »Aber meine Worte können nur deshalb gravierend und kostbar sein, weil er, unser Herr, selbst gravierend und kostbar war und ist. Nicht ich bin es also, der das Goldstück gemacht hat. Das Goldstück ist es, das mich gemacht hat. Der, den ich geschaffen habe, hat mich geschaffen. Mag sein, dass ich einen himmlischen Körper erfunden habe. Aber genauso hat dieser himmlische Körper mich erfunden. Jesus ist ebenso meine Erfindung, wie ich die Erfindung Jesu bin, der, wenn er wirklich der Sohn Gottes ist, dagewesen sein muss, ehe Himmel und Erde geschaffen wurden. Vor mir und vor allem anderen, was ist. Nicht ich habe also den Stein ins Wasser geworfen. Er ist ohne mein Zutun vom Himmel ins Wasser gefallen. Ich bin Welle – ebenso, wie auch du Welle bist. Und ich bin Stein. Ebenso, wie auch du Stein bist. Mein Evangelium ist Welle und Stein. Wenn überhaupt, dann habe ich diesen Himmelskörper entdeckt und wie einen aus dem Weltraum gefallenen Rohling veredelt und in das Gold meines Evangeliums gefasst. Und ich habe ihn nur deshalb entdecken, veredeln und fassen können, weil ich von ihm entdeckt und erfasst worden bin – so, wie seine Jüngerinnen und Jünger ihn für sich und die Welt entdeckten. Weil er sie entdeckte, erfasste, ihnen den Schleier von ihren Augen riss und sie Gott und die Welt neu sehen lehrte. Nein, ich habe ihn nicht erfunden, diesen Himmelskörper. Mein Evangelium und ich selbst leben von einer Wirklichkeit, die ich nicht hätte erschaffen können, auch wenn ich sie irgendwie ja tatsächlich erschaffen und erschrieben habe. Aber aus diesem Erschaffenen und Erschriebenen springt immer wieder ein Funke auf mich über – ein Funke, der mein Schreiben und mein Leben entzündet, erhellt und zum Leuchten bringt.«

Als das Bild des fremden Evangelisten vor meinem inneren Auge verblasst und ich nur noch seine Worte in meinem Kopf höre, frage ich mich, ob dieses fiktive Zwiegespräch über den fremden Himmelskörper Jesus nicht doch ein reichlich verrücktes Unterfangen und letztlich ein Ding der Unmöglichkeit ist. Muss es nicht daran scheitern, dass wir, der fremde Evangelist und ich, uns zu fremd sind, als dass wir uns wirklich verstehen und einen erhellenden Diskurs über Intensität, Wirklichkeit und Wirkung und über die Wahrheit Jesu führen könnten?

Aber wer weiss. Vielleicht trifft ja auch das Gegenteil zu. Vielleicht sind er und ich als Jünger Jesu einander so fern und so fremd nicht. Und falls dies doch der Fall sein sollte, dann könnte unser Gespräch womöglich gerade aufgrund der Fremdheit unserer beiden Welten aufschlussreich sein. Denn was wäre langweiliger als eine Begegnung mit der Vergangenheit – sei es der des Evangelisten oder der des Mannes aus Nazaret –, die nur ein Blick in den Spiegel ist, durch den wir nicht eine andere Wirklichkeit, geschweige denn die Wirklichkeit Gottes, sondern allein uns selbst und unser eigenes Welt- und Menschenbild erkennen? Viel reizvoller ist es ja doch, mit dem Vertrauten Feste des Nichtwiedererkennens zu feiern und sich der fremden Nähe des ganz Anderen auszusetzen.

Mir jedenfalls ging es nach dem wiederholten Lesen des Markusevangeliums so, dass dessen Worte umso ferner zurückblickten, je näher ich sie ansah. Ich fand mich auf einmal einem Jesus gegenüber, dessen kraftvolle Präsenz nichts mit der schwächlichen, entmythologisierten, als Resonanzverstärker eigener Interessen instrumentalisierten und bis zur Unerträglichkeit vermenschlichten Figur zu tun hatte, der ich in der Theologie und in der Kirche meiner Gegenwart allzu oft begegne. Und mir wurde angesichts des markinischen Gottessohns auf einmal auch noch etwas anderes klar. Mir wurde klar, dass unsere Zeit und die Kirche unserer Zeit keine schwache, sondern eine starke Theologie braucht. Vor allem aber einen göttlichen Helden.

Der Jesus des Evangelisten Markus ist ein solcher Held – ein sehr starker und sehr glaubwürdiger Held. Mag sein, dass dieser Held ebenso fiktiv wie real und – zumal in der Einflusssphäre der hellenistischen und der römischen Kultur – den Göttern und Halbgöttern der griechischen Mythologie und den vergöttlichten Kaisern Roms nachempfunden ist. Dennoch ist und bleibt er auf eine Weise wirklich, die meiner Überzeugung Nahrung gibt, dass er allein der Weg, die Wahrheit und das Leben ist – und ein Antidot gegen die Tödlichkeit der Welt, in der wir leben und in der wir uns nach einem Gott sehnen. Weil uns, obwohl wir an keinen Gott mehr glauben können, ja doch nur ein Gott retten kann – ein Gott, den wir, falls es ihn nicht geben sollte, erfinden müssten. Ein Gott, dessen Wahrheit wir zur Not in die

Wirklichkeit hineinlügen müssten, um die Not der Welt zu wenden und die Tränen von den Augen der Menschen abzuwischen.

Ich glaube, Christen und Christinnen sind es der Menschheit schuldig, in einer Welt, in der nichts für Gott spricht, für Gott zu sprechen und zu leben, als ob es ihn gäbe, diesen Gott. Sie sind es der Welt schuldig, den Narrativen der Hoffnungslosigkeit, der Schwarzmalerei, der Apokalypse, des Zynismus, der Verblendung, der Selbstüberschätzung, aber auch der Selbstgeringschätzung des Menschen ein ganz anderes Narrativ der Hoffnung, eben die große Christuserzählung entgegenzusetzen.

Und vielleicht verhält es sich mit dieser Christuserzählung so, wie es sich mit jeder Fiktion verhält, die uns im Innersten anrührt. Vielleicht ist die Fiktion des Evangeliums von Jesus Christus, dem Sohn Gottes, wahrer als die historische Wahrheit, wahrer als alles, was wir in unserer ernüchterten und entzauberten Welt für wahr halten, und erfüllender als alles, von dem wir uns Erfüllung versprechen. Und zwar deshalb, weil die Intensität des Lebens Jesu als Intensität einer göttlichen Gegenwirklichkeit die Kraft hat, die Realität zu verformen, die wir für die letzte Wirklichkeit halten.

Worin genau diese Intensität besteht und was das Evangelium des Markus so wahr macht, wird sich, so hoffe ich, in den folgenden zehn Kapiteln zeigen. Ich möchte mit ihnen zumindest einen kleinen Beitrag dazu leisten, dass die Gravitation Jesu trotz der zunehmenden Entfernung jeder zukünftigen Zeit und jeder zukünftigen Welt von diesem rätselhaften Himmelskörper nicht schwächer wird.

Mein Buch versteht sich mithin als Detektor, als Seismograf und als Verstärker der Gravitationswellen Jesu, von dem ich je länger, je mehr glaube, dass er die Antwort auf unsere letzten Fragen und die Erfüllung unseres Menschseins ist.

1

Als aber der Hauptmann, der ihm gegenüber stand, ihn so sterben sah, sagte er: Ja, dieser Mensch war wirklich Gottes Sohn!

Markus 15,39

Was ist Wahrheit?

Der Held und die Helden der Anderswelt

Jener Jesus, den uns der Evangelist vor Augen führt, ist kein möglicher Gegenstand historischer Wissenschaft und eigentlich auch kein Gegenstand anthropologischer Forschung. So, wie Markus diesen gottgleichen Menschen schildert, hat er niemals existiert und kann kein Mensch jemals existieren. Der, den er in Israel auftreten und wunderwirkend über die Erde und über das Wasser gehen lässt, gehört einem Wirklichkeitsraum an, der nicht von dieser Welt ist. Der Fremde vom Himmel ist und bleibt auch auf der Erde, die ihn hervorgebracht hat, ein Fremder. Oder anders gesagt: So wirklich und irdisch dieser Mann aus Nazaret sein mag, so sehr entspringt er doch auch dem Reich der Imagination und dem Wunschdenken des Glaubens an Gott als letztbestimmender Wirklichkeit.

Kann man sich ernsthaft vorstellen, dass die Zeitgenossen des Markus nicht bei der ersten Begegnung mit seinem Evangelium sofort begriffen, dass die Überhöhung der Gestalt Jesu ins Überirdische und Übermenschliche vor allem dazu diente, den Glauben an ihn zu stärken? Kann man sich ernsthaft vorstellen, dass die ersten Menschen, die mit dem Evangelium des Markus in Berührung kamen, nicht durchschauten, dass jeder einzelne Satz und die gesamte Komposition dieses Textes eine Verklärung des Gottessohns Jesus war – eine Verklärung, die einzig und allein die Absicht verfolgte, sich selbst zu beweisen, aber dazu natürlich nicht imstande ist, weil das Bewiesene immer schon von ihr vorausgesetzt wird? Oder hatten die Damaligen ein ganz anderes Verständnis von Wirklichkeit und ein ganz anderes Verständnis der Wahrheit von Texten als wir Heutigen, die wir freilich unsererseits allzu bereitwillig Botschaften Glauben schenken, die uns medial als Fakten vorgespiegelt werden?

Ich würde Markus gerne fragen, ob nicht auch er selbst wusste, dass das, was er schrieb, zwar gut, intensiv und kraftvoll geschrieben ist, sich aber niemals so zugetragen haben dürfte. Und ich würde ihn gerne fragen, ob eine Zeit noch an Jesus glauben kann, deren Natur- und Literaturwissenschaften zweifelsfrei demonstrieren, dass die singuläre Gestalt, die der erste Evangelist erschaffen und überhöht hat, zwar als literarische Stilisierung wirklich, jedoch im Rahmen des naturwissenschaftlich Möglichen unwirklich und unmöglich ist.

»Hast nicht auch du, Markus, und hat nicht auch der gesunde Menschenverstand deiner Zeit sehr genau gewusst, dass der Jesus deines Evangeliums nicht der Jesus von Nazaret ist, dem man vierzig Jahre vor deinem Evangelium in Palästina begegnen konnte? Zeugt nicht das Entsetzen über die Wunder Jesu, dem du in deinen Erzählungen Raum gibst, davon, wie wirklichkeitssprengend und wie wenig selbstverständlich die von dir in Schrift verwandelten Wunder Jesu auch zu deiner Zeit waren? Und zeugen nicht auch die von dir über die Zeugen der Wunder Jesu verhängten Schweigegebote davon, dass du dir selbst ganz genau darüber im Klaren warst, dass die Wunder Jesu nicht etwa nicht weitererzählt wurden, sondern sich schlicht nicht ereigneten?«

Ich stelle mir vor, dass sich Markus die Schläfen reibt, seine Stirn in Falten legt, mich dann ansieht und zurückfragt – und zwar so, dass ich ein wenig erschrecke. Denn die Gegenfrage, die er mir stellt, ist eigentlich die Frage eines anderen Evangelisten: diejenige nämlich, die Johannes Pilatus in den Mund legt.

»Was ist Wahrheit?«, fragt er mich und antwortet dann selbst. »Ich will dir sagen, was Wahrheit ist. Jesus Christus ist die Wahrheit. Und weil er die Wahrheit ist, ist alles wahr und kann nichts unwahr sein, was ich geschrieben habe.«

»Aber«, entgegne ich, »ist es nicht andersherum? Würde Jesus nicht erst dann zur Wahrheit werden, wenn das, was du über ihn geschrieben hast, auch ohne den Glauben an ihn wahr wäre? Hätte dein Evangelium nicht grössere Kraft, wenn du darin nichts erzählt hättest, von dem du selbst wusstest, dass es nicht geschehen sein konnte und niemals geschehen kann?«

Er schüttelt den Kopf und sagt: »Es kann geschehen. Es kann geschehen, weil der, den ich bezeuge, die Wahrheit ist.«

»Aber vielleicht hast du«, sage ich, »falsches Zeugnis geredet, weil deine Augen geblendet waren von deinem Glauben. Vielleicht hat dir dein Glaube nicht die Augen geöffnet, sondern dich blind gemacht. Vielleicht hast du ein Gespenst erschaffen! Und vielleicht hatten die Jünger in deinem Evangelium recht, als sie deiner Erzählung zufolge angesichts des über das Wasser gehenden Jesus riefen: ›Es ist ein Gespenst!‹ – Es fällt mir schwer, dir zu glauben, weil ich dann an jede Fiktion glauben müsste, die mich fasziniert, und an jedes Märchen, das mich in seinen Bann schlägt.«

»Ich will dir etwas sagen«, sagt er. Und in meinem Kopf verbinden sich seine Worte mit meinen Worten und seine Gedanken mit meinen Gedanken. Ich höre ihn und zugleich mich selbst, als er sagt: »Ich will dir sagen, warum die Menschen an Jesus glauben. Sie glauben an Jesus, weil sie an ihn glauben. Und die Menschen, die nicht an ihn glauben, glauben nicht an ihn, weil sie nicht an ihn glauben. Du glaubst an ihn, weil du an ihn glaubst. Ich glaube an ihn, weil ich an ihn glaube. Und jene, die als Erste an ihn geglaubt haben, haben an ihn geglaubt, weil sie nicht anders konnten, als an ihn zu glauben. Sie haben an ihn geglaubt, weil er glaubwürdig war. Und glaubwürdig ist er, weil er die Wahrheit ist. Mein Evangelium feiert diese Wahrheit und gibt Zeugnis von dieser Wahrheit, indem es diese Wahrheit aufblühen lässt. Mein Evangelium feiert diese Wahrheit, indem es sie so sichtbar wie möglich macht – so sichtbar, dass der Raum der Wirklichkeit die Grenze zum Raum des Unwirklichen oder zumindest für unsere irdischen Sinne Unsichtbaren überschreitet. Aber selbst jene Geschichten, die den Wirklichkeitsraum sprengen und die Wirklichkeit überzeichnen, nehmen der Wahrheit weder etwas weg, noch vermögen sie ihr etwas hinzuzufügen, was sie wahrer oder weniger wahr machen würde. Weil das, was wahr ist, eine Kraft hat, die die Wirklichkeit nicht hat, tut es der Wahrheit auch keinen Abbruch, wenn sie sich von der Wirklichkeit entfernt. Verstehst du? Und wenn du es nicht verstehst, dann sag mir, wie ich den, der die Wahrheit ist, deiner Auffassung nach in meinem Evangelium so hätte bergen sollen, dass er wirklicher und wahrer geworden wäre – wahrer, als er es deiner Meinung und der Meinung deiner Zeit nach ist! Hätte ich mich seiner schämen, leiser treten und ihn als blossen Lehrer der Weisheit, als Bringer eines neuen, reineren Ethos, als edlen Humanisten, als gottesfürchtigen Freigeist, der seiner Zeit weit voraus war, oder schlicht als radikal liebenden und radikal für die Menschen leidenden und leidenschaftlich für sie eintretenden Menschen verewigen sollen? Hätte ich mich damit begnügen sollen, die Intensität der zutiefst menschlichen Existenz Jesu zu steigern? Hätte ich ihn nicht als den ganz Anderen, sondern als einen von uns in Erscheinung treten lassen sollen – als einen von uns, in dem wir nur wiedererkennen, was wir sein könnten oder sein sollten?«

Ich sage nichts. Und so gibt er selbst die Antwort auf seine Frage: »Wenn ich mich damit begnügt hätte, wäre Jesus nur Kupfer und Blech und nicht das Goldstück, das ich der Welt durch mein Evangelium weiterreiche und an die Menschen nach mir überliefere. Was diesen Jesus edel, schwer, gewichtig und intensiv macht, ist etwas anderes, nämlich dass sich der Himmel in seiner Gegenwart öffnet und in seiner Nähe die Welt durchsichtig wird für ein Reich, das nicht von dieser Welt ist. Und deshalb sind auch die Wundergeschichten wahr, die aber ja natürlich ohnehin wahr sind. Denn niemand hätte nach seinem Tod Notiz von ihm genommen, wenn sein Charisma und seine Präsenz zu Lebzeiten geringer gewesen und wenn er nur sich selbst und nicht das Wunder der Wirklichkeit Gottes sichtbar gemacht hätte.

Du irrst also sehr. Der wahre Christus ist der, der den Wind bedroht und zum Meer spricht: ›Schweig! Verstumme!‹ Der wahre Christus ist der, dem Wind, Sturm, Wellen und Dämonen gehorchen. Der wahre Christus ist der, der stärker ist als die Wirklichkeit dieser Welt.«

»Aber ist das, was du geschrieben hast, nicht zu schön, um wahr zu sein?«, frage ich ihn.

Er sagt: »Keineswegs ist es zu schön, um wahr zu sein. Es ist zu wahr, um wirklich zu sein. Und daher muss in dem Buch, das ich geschrieben habe, etwas anderes zum Vorschein kommen als die Wirklichkeit, die du kennst und die ich kenne. Ein Evangelium ist ein Evangelium. Ein Buch ist ein Buch. Und das Leben ist das Leben. Was soll ich das Leben, wie du es kennst und wie ich es kenne, in ein Buch schreiben, das ein Evangelium, also eine gute Nachricht ist? Die Wirklichkeit ist schon da. Was soll ich sie noch aufschreiben? Wer kennt sie nicht, die Wirklichkeit? Und eines weisst du ja gewiss ebenso wie ich: Je nachdem, wo und in welcher Verfassung man sich in dieser Welt befindet, erscheint sie einem entweder als Kloake, als Hölle oder als Paradies auf Erden. Und je nachdem kann man entweder an der Welt, an Gott oder an beiden zugleich verzweifeln. Ich verzweifle an beiden nicht, weil der Gottessohn in der Welt war. Und dass der Gottessohn in dieser Welt und zugleich nicht von dieser Welt war, das habe ich in meinem Evangelium so sichtbar und so gross wie möglich gemacht. Ich habe Christus als Schrift in die Welt gesetzt und zugleich den Niederungen der Welt, in der er lebte, entrissen, damit er durch seine gravierende Gegenwart diese Welt retten kann.

Was wirklich geschehen ist, geschieht und geschehen kann, ist nicht die ganze Wirklichkeit und schon gar nicht die ganze Wahrheit. Die Wirklichkeit, wie sie ist, ist nicht die Wirklichkeit, um die es letztlich geht. Die Wirklichkeit, um die es wirklich geht, ist vielmehr die verwandelte Wirklichkeit. Weil mein Evangelium das Evangelium dessen ist, der die Welt verwandelt, ist auch mein Evangelium verwandelte Wirklichkeit. Ein Stück Anderswelt.

Wer könnte auf den Gedanken kommen, die Anderswelt an der Welt zu messen? Es muss ja doch umgekehrt sein. Denn nur, wenn es umgekehrt ist, hat mein Evangelium mehr Gewicht als die Erdenschwere. Es hätte dieses Gewicht nicht, wenn es nur die Wirklichkeit, ihre Lebensweisheit, ihre Philosophie, ihr Elend und ihre Ethik aufsammeln und die Welt, die wir kennen, als Schrift verdoppeln würde. Und es hätte dieses Gewicht auch nicht, wenn es nicht das Zeugnis eines grossen Andersseins, sondern nur die Aufforderung zu einem Andersseinsollen wäre.

Das Sein Gottes, das in den Heilungen, in den Austreibungen der unreinen Geister und in den Wundern zum Vorschein kommt, hat mehr Gewicht als das Sollen des Menschen. Nimm die Heilungen, die Wunder und die Austreibungen der unreinen Geister aus dem Evangelium weg. Nimm das leidverwandelnde, vollmächtige Sein Jesu aus meinem Evangelium weg! Was bleibt übrig?«

»Der Gekreuzigte«, sage ich. »Das Wort vom Kreuz. Wäre es dir nicht recht, wenn das Wort vom Kreuz übrigbliebe? Es müsste doch in deinem Sinn sein.«

»Das Wort vom Kreuz«, sagt er. »Dieses verfluchte Wort vom Kreuz! Es wäre mir lieber, es hätte dieses Kreuz nicht gegeben, und es müsste in keinem Wort der

Welt und in keinem Wort meines Evangeliums von diesem Kreuz die Rede sein. Aber es hilft nichts. Das Kreuz steht fest. Ebenso, wie die Wunder feststehen. Beides zusammenzudenken ist eine Kunst, die mich all meine Kraft gekostet hat, ohne dass ich mir sicher sein kann, ob ich nicht daran gescheitert bin. Dieses verfluchte Kreuz. Was immer es für Gott und die Welt bedeutet – eines ist gewiss: Es ist gewiss, dass es für diesen einen Menschen den Tod bedeutet hat, Christus zu sein, und dass es für andere Menschen den Tod bedeuten kann, Christ zu sein und Christus nachzufolgen. Halte dir die Märtyrer vor Augen! Paulus, Petrus und die vielen anderen. Wer sich zu Christus bekennt, muss bereit sein, sich von seinem Leben zu trennen. Aber wer sein Leben verliert, wird es gewinnen. Auch deshalb, weil der, der sich nicht in seinem Leben festkrallt wie der Löwe in seiner Beute, frei ist. Frei für ein neues, anderes Leben. Frei wie Jesus selbst. Frei für das Leben im Geist Jesu.

Wer weiss: Vielleicht ist das einzig Tröstliche, das man über den Tod Jesu am Kreuz sagen kann, der Satz, dass nur der frei ist, der bereit ist, dem Tod nicht auszuweichen, sondern sein Leben aufs Spiel zu setzen. Wenn ich vom Verlust des Lebens rede, meine ich das übrigens keineswegs nur sinnbildlich. Ich meine den wirklichen, den physischen Tod. Und ich spreche nicht nur davon, dass wir uns von einem bestimmten Verständnis der menschlichen Existenz verabschieden müssen, wenn wir uns ganz auf Jesus einlassen. Ich lebe in realer Gefahr. Und die Menschen, für die ich schreibe, leben in derselben realen Gefahr. Sie wissen, dass es ernst wird, wenn es ihnen ernst ist mit Jesus im Römischen Reich, das sich selbst Gott genug ist und keinen Gott brauchen kann, der es seiner Letzthinnigkeit entkleidet, aus der Ruhe bringt und in die Unruhe einer Revolution versetzt. Sie wissen, dass all jene, die Jesus nachfolgen und ihm nahe sein wollen, sich nicht mit dem kleinen Finger Jesu begnügen können, sondern die ganze Hand ergreifen und damit eben auch das Kreuz auf sich nehmen müssen.

Es ist der Tod Jesu, der denen, die Jesus nachfolgen, Kraft gibt, Verfolgungen und am Ende vielleicht sogar den gewaltsamen Tod auf sich zu nehmen, ohne die Hoffnung zu verlieren. Es ist der Tod Jesu, der Jesus als den schlechthin freien Menschen offenbart – den Menschen, für den nicht das Leben, sondern Gott allein heilig ist. So sehr ich den Tod meines Herrn verfluche, so sehr sagt mir etwas im tiefsten Inneren meines Herzens, dass dieser Herr womöglich erst dadurch zum Herrn der Welt wird, dass er den Tod nicht zum Letztgültigen erklärt. Denn wer den Tod nicht zur letzten Wirklichkeit erhebt, hat wirkliche Macht und ist eine echte Gefahr für die bestehende Gesellschaft. Und das gibt mir Hoffnung und vielleicht sogar die theologische Kraft, mich eines Tages mit dem Kreuz anzufreunden – jedenfalls mit einem Kreuz, das ein Symbol der Freiheit und nicht des Sieges des Todes über das Leben ist. Und damit diese Hoffnung, dass mein Herr auch Herr über den Tod ist, nicht schwindet – für mich nicht und für die vielen anderen nicht, die als Christinnen und Christen Angst in dieser Welt haben, weil sie von den Mächten des Todes verfolgt werden –, schreibe ich ihnen und mir Stärke an.«

Und dann fügt er hinzu: »Ich will dir noch etwas anderes sagen. Ich habe Paulus gekannt. Ich sehe dir an, dass du mir das nicht glaubst. Und ich weiss auch, warum.

Weil du das, was er geschrieben und verkündigt hat, in meinem Evangelium nicht wiedererkennst. Du kannst es nicht wiedererkennen. Und zwar nicht deshalb nicht, weil ich von Paulus nichts wusste, sondern weil ich sehr wohl von ihm weiss, aber einen Mantel des Schweigens darüber gebreitet habe. Denn ich will nichts davon wissen. Der, den Paulus verkündigt hat, ist nicht der lebendige Jesus, um den es in meinem Evangelium geht.

Christus wird erst dann in den Herzen der Menschheit und in den Herzen der Christenheit ankommen, wenn er ein lebendiger Mensch und nicht eine tote Gestalt und eine tote Philosophie ist. Nirgendwo habe ich bei Paulus die weltverwandelnde und kraftstrotzende Vitalität Jesu entdeckt. Nirgendwo habe ich den leidenschaftlichen Menschen, den sich verzehrenden Menschen, den freien Menschen, den Menschen aus Fleisch und Blut, den Menschen Gottes gefunden. Paulus hat einen Menschen verkündigt, der die Negation des Menschen ist. Und er hat einen Gott verkündigt, der die Negation Gottes ist. Sein Jesus atmet nicht den Geist einer Kraft, die uns aus den Niederungen der Erdenschwere erheben kann und uns Flügel verleiht.«

Er schüttelt den Kopf und winkt ab: »Aber lassen wir das. Er, der grosse Märtyrer, und ich, wir werden einander fremd bleiben, solange in dieser Welt von dem, was wir geschrieben haben, die Rede sein wird. Wir werden einander fremd bleiben, bis der Herr wiederkommt. Paulus und ich – wir sind zweierlei. So, wie das, was du mit Wirklichkeit meinst, und mein Evangelium zweierlei sind.

Mein Evangelium kann nur dann ein Evangelium und ein Gegengift gegen diese Wirklichkeit sein, wenn es gegen die Krankheiten dieser Wirklichkeit wirkt und nicht diese Wirklichkeit selbst ist. Und eine wirklich starke Wirkung kann ein Evangelium nur entfalten, wenn sich in ihm die Türen zur Anderswelt öffnen. Menschen brauchen Menschen aus dieser Anderswelt. Menschen, deren Geschichte und deren Geschichten sie erzählen können. Immer wieder. Menschen brauchen Menschen, die angehaucht wurden von Gottes Geist, der die Wahrheit ist. Ich habe meinen Jesus mit diesem Geist angehaucht. Damit er immer wieder den Tod und die Dämonen und die unreinen Geister dieser Welt besiegt und damit die Anderswelt strahlende Gestalt gewinnen kann.«

Ich blicke in sein Gesicht, das jetzt wild und entschlossen ist wie das Gesicht eines Löwen. Möge ihm, so denke ich, das Martyrium erspart geblieben sein. Das Martyrium, das er vielleicht sogar hätte ertragen können. Er, dessen Evangelium eine gepanzerte Rüstung gegen die Erdenschwere, gegen die Todesangst und gegen die Widrigkeiten dieser Welt ist.

Ich schaue ihn an und durch ihn hindurch auf mich selbst. Vielleicht hat er recht. Nicht, weil er der Evangelist ist und ich mich seiner Autorität zu beugen hätte, sondern weil ich mich kenne und weil ich weiss, welche Texte und welche Wirklichkeiten mich wirklich trösten, mich wirklich erheben und mir wirklich die Wahrheit offenbaren, wenn ich an der Welt verzweifle.

Es sind diejenigen Texte und Inszenierungen, die mir eine ganz andere Welt vor Augen führen – eine Welt, in der es Helden gibt, die die Welt von den Mächten der Finsternis und von sich selbst erlösen. Luke Skywalker und Obi-Wan Kenobi aus »Star Wars«. Arya Stark und Jon

Snow aus »Game of Thrones«. Frodo Baggins, Samwise Gamgee, Peregrin Took, Meriadoc Brandybuck, Legolas, Gimli, Aragorn und Gandalf – die Gefährten aus »The Lord of the Rings«. Bill Denbrough, Ben Hanscom, Mike Hanlon, Eddie Kaspbrak, Richie Tozier, Stanley Uris und Beverly Marsh – die sieben Freunde des »Loser-Clubs«, deren Glaube an die Freundschaft und an die Magie der Kindheit in Stephen Kings »It« den Teufel besiegt. Und nicht zuletzt Cooper. Cooper, der Astronaut ohne Vornamen, und seine Tochter Murph, deren Liebe zueinander in Christopher Nolans Film »Interstellar« die Menschheit rettet, weil diese Liebe stärker ist als die Gravitation der Raumzeit.

Auch wenn ich mich als Theologe und Kirchenmann ein wenig dafür schäme, so muss ich doch bekennen, dass mir, wenn es mir wirklich dreckig geht und ich im finsteren Tal wandere, die Bibel weit weniger als meine Helden aus dem Reich der Fantasy-Literatur, der Science Fiction und der Great American Novel dabei hilft, Depression und Dunkelheit zu ertragen.

Vielleicht hilft mir die Bibel deshalb nicht, weil ich Kind eines theologischen Zeitgeistes bin, der ein wenig zu sehr dazu neigt, die Christologie der Bibel in einen weichgezeichneten und kraftlosen christlichen Humanismus einzudampfen. Aber dieser Humanismus gerät in jenen Augenblicken in eine Sackgasse, in denen wir spüren, dass uns, wenn wir mit unserem Latein und mit unserer Macht am Ende sind, ein machtloser Gott ebenso wenig helfen kann wie unsere Ethik, weil die eigentlichen Probleme des Lebens diejenigen Probleme sind, für die es keine ethische Lösung und letztlich überhaupt keine Lösung gibt, die Menschen bewerkstelligen könnten.

Not lehrt Beten, heisst es. Und das heisst ja letztlich nichts anderes, als dass in der Not nicht der ohnmächtige, sondern nur der allmächtige Gott helfen kann. Ich weiss, dass dies ein theologisches Tabu unserer gottesmachtkritischen Zeit ist.

Aber Friedrich Nietzsche dürfte recht gehabt haben. Ein Gott, der nicht die Allmacht hat, den Mächten und Gewalten der Welt den Garaus zu machen, sie in die Knie zu zwingen und die Schweinehunde von ihren eisernen Thronen zu stürzen, ist kein Gott. Ebenso wenig wie ein Gott, der nicht die Kraft hat, uns Kraft zu geben, ein Gott ist. Aber natürlich ist auch ein Gott, der nicht die Macht der Liebe ist, kein Gott. Und selbstverständlich schreit all das nach Trinitätstheologie. Es schreit danach, sich nicht mit dem Wort vom Kreuz abzufinden, sondern beharrlich und untröstlich nach dem strahlenden Helden, nach dem Skywalker am Horizont Ausschau zu halten, der der einzige Hoffnungsschimmer einer Menschheit ist, die trotz aller Gottesvergessenheit nicht aufhört, ihr Heil in archetypischen fiktionalen Gegenwelten und Gegenhelden zu suchen.

Ja, die Kraft Gottes ist in den Schwachen mächtig. In Tolkiens Hobbits ebenso wie in Stephen Kings Verlierern und in allen anderen, denen von den Mächten des Daseins die Kraft geraubt wird. Aber den Sieg tragen diese leicht zu übersehenden vermeintlichen Schwächlinge nicht deshalb davon, weil sie schwach und ohnmächtig sind, sondern weil sie über sich hinauswachsen und weil ihnen aus sich selbst heraus und von ausserhalb ihrer selbst her eine Kraft zuwächst, die ihre Schwäche und ihre Ängste alt und überwunden aussehen lässt. Wenn der christliche Glaube sich jedoch im Selbstmitleid und in der Selbstgerechtigkeit der Schwachen suhlt, droht er an seiner eigenen Schwäche und Kraftlosigkeit zugrunde zu gehen.

Vielleicht ist es aber ja nur die halbe Wahrheit, dass mir die Bibel in den Augenblicken der Krise nicht hilft. Vielleicht mache ich mir etwas vor. Vielleicht hat die Fiktion gerade deshalb die Kraft, mich zu retten, weil die Fiktion, die ich liebe und durch die ich Kraft schöpfe, mit dem wirklichen Evangelium infiziert ist. Vielleicht vermag mich die Fiktion nur darum zu Tränen zu rühren, weil die urbiblische und urevangelische Idee der befreienden Macht des göttlichen Helden dort am reinsten und zugleich am verborgensten aufbewahrt ist. Und vielleicht versteckt sich hinter der ironisch-ernsten Begeisterung der Fans moderner Filmmythen für ihre Idole ja doch die verlorene Sehnsucht nach der Gegenwart Gottes, deren theologisch-humanistische Surrogate niemanden sättigen können, den es nach dem Brot des Lebens verlangt.

»Help me, Obi-Wan Kenobi! You're my only hope!«, ist in meinem Wohnzimmer in weisser Schrift auf dem schwarzen Hintergrund einer gewaltigen Leinwand zu lesen. Alle, die dieses Schriftbild erstmals sehen, pflegen unwillkürlich zu lachen, weil sie das Zitat mit einem Augenzwinkern und gewissermassen als Witz lesen. Aber sie rechnen nicht damit, dass ich mit allen Wassern der zweiten Naivität gewaschen bin und dass es mir Ernst damit ist. Heiliger Ernst. Die Helden aus »Star Wars«, »Game of Thrones«, »Interstellar«, »The Lord of the Rings« und »It« sind für mich das, was Jesus Christus für meinen antiken Gesprächspartner Markus ist. Und sie sind für mich das, was Jesus Christus für mich wieder sein könnte, wenn ich sein Evangelium so lesen würde und so sehen könnte, wie ich meine Lieblingsfilme sehe und meine Lieblingsromane lese: als intensitätsgesättigte, zutiefst wahre fiktionale Gegenwirklichkeiten und messianische Rettungskapseln.

Zweifellos hat Markus also doch das Richtige getan und dem einzig Wahren Rechnung getragen, wenn er in seinem Evangelium einen gottgleichen Helden zur Erscheinung bringt. Ein Jesus von Nazaret, der mit erhabener Vollmacht über die Erde und über das Wasser schreitet, der die Mächte und Gewalten der Wirklichkeit und trotz aller Verzweiflung und Gottverlassenheit am Kreuz am Ende sogar den Tod besiegt und die Welt rettet, ist stärker und ästhetisch, emotional und religiös intensiver und sättigender als ein Jesus von Nazaret, dessen kraftvolle Gegenwart sich in zahnlose und letztlich gottlose humanistische und metaphysikbereinigte Substitutionen hinein verdünnisiert hat.

Ein Evangelium dagegen, das sich spannungsfrei mit den Erkenntnissen der Natur- und Humanwissenschaften und dem vermeintlich gesunden transzendenzkritischen, vermeintlich aufgeklärten Menschenverstand in Einklang bringen lässt, ist ebenso trivial, trostlos und langweilig, wie eine entmythologisierte Verfilmung von »The Lord of the Rings«, »Star Wars« oder »Game of Thrones« langweilig, ja todlangweilig wäre. Und etwas oder jemanden als langweilig zu bezeichnen, ist kein Kompliment. Wer es gewohnt ist, fortwährend unterhalten, unter Hochspannung gesetzt und von einem möglichst intensiven Leben elektrisiert zu werden, wird die Langeweile irgendwann scheuen wie der Teufel das Weihwasser. Clint Eastwood hat den Horror dieser Langeweile in dem Film »Heartbreak Ridge« auf den Punkt gebracht: »You can run me, you can starve me, you can beat me and you can kill me. Just don't bore me.«

Die grossen Mythen, die grossen Epen und die grossen Geschichten der Menschheitsgeschichte sind gewiss nicht langweilig. Sie haben Kraft. Die Kraft, die uns aus uns selbst heraushohlt. Die Kraft des Evangeliums. Eine Wirklichkeit dagegen, die um ihre mythische Wahrheit und um ihre archetypischen, jenseits jeder realen Gegenwart sinnstiftenden und welterlösenden Figuren bereinigt wäre, hätte diese Kraft nicht. Denn sie hätte, mag sie auch vor Gewalt strotzen, nicht die Kraft und die Intensität, unsere Wirklichkeit so zu verformen, dass sie durchsichtig wird für jene höhere und tiefere Wahrheit, mit der die grossen Epen und Mythen unserer Zeit und aller Zeiten vollgesogen sind – die grossen Epen und Mythen, die ihrerseits Wirklichkeit verformen und den Realismus hinters Licht führen, um die trostlose Wirklichkeit nach Kräften ins Licht der Wahrheit und der Erlösung zu verrücken.

Wir lechzen nach diesen grossen Epen und Mythen, weil ihre Helden selbst im Untergang reiner, aufrechter und wahrhaftiger sind als viele der verderbten, von sich selbst besoffenen, zu klein und zugleich zu gross geratenen Marionetten, die unsere Welt regieren. Und letztlich lechzen wir, ohne es zu wissen, wahrscheinlich doch nach dem Jesus der Bibel, der allein uns retten kann.

»Ja, Markus, du hast recht, wenn du sagst, dass dich nur diejenige Wirklichkeit interessiert, die wirklich wirkt – und zwar auf die Herzen und Seelen der Menschen. Ja, du hast recht! Es gibt ein Drittes zwischen historischer Wahrheit und Illusion. Es trägt den Namen Evangelium, und sein Aufenthaltsort ist eher die Überzeitlichkeit des Mythos und die Anderswelt der Fiktion denn der erdenschwere Boden der Tatsachen, den wir so oft für das einzig Wahre halten.«

2

Und sogleich war da in ihrer Synagoge einer mit einem unreinen Geist, der schrie laut: Was haben wir mit dir zu schaffen, Jesus von Nazaret! Bist du gekommen, uns zu vernichten? Ich weiss, wer du bist: der Heilige Gottes! Und Jesus schrie ihn an und sprach: Verstumme und fahr aus! Und der unreine Geist zerrte ihn hin und her, schrie mit lauter Stimme und fuhr aus. Und sie erschraken alle so sehr, dass einer den andern fragte: Was ist das? Eine neue Lehre aus Vollmacht? Selbst den unreinen Geistern gebietet er, und sie gehorchen ihm.

Markus 1,23–27

Herr über die unreinen Geister

Das Evangelium als Exorzismus und Antidämonikum

Im Evangelium des Markus treiben Wesen ihr Unwesen, die von Menschen Besitz ergreifen, um an ihnen zu rütteln und sie hin und her zu werfen, bis sie so sehr mit sich ins Unreine geraten, dass sie auseinanderfallen, in sich zusammensinken und nicht mehr sie selbst sind. Markus nennt diese Wesen nicht von ungefähr unreine Geister. Sie treten als Mächte in Erscheinung, die unsere Subjektivität desintegrieren und zerstören. Der Evangelist stellt uns diese unreinen Geister aber nicht als blinde, stumme und irrationale Mächte vor Augen. Er verleiht ihnen eine Stimme und eine eigene Art von Vernunft. Diese Vernunft ist der Vernunft der menschlichen Geister sogar überlegen – jedenfalls in einer Hinsicht. Während sich nämlich viele Menschen nicht oder nur schwer darauf verstehen können, im Nazarener die Macht, den Geist und den Sohn Gottes zu erkennen, wissen die unreinen Geister sofort, wer Jesus wirklich ist. Sie fallen sogar vor ihm nieder – und zwar so, wie man nur vor Gott niederfallen kann. Und indem sie derart vor ihm niederfallen, sprechen sie die Wahrheit aus, um die es in jeder Zeile des Markusevangeliums geht. Diese Wahrheit lautet: »Du bist Gottes Sohn!« Jene dagegen, denen die unreinen Geister die Vernunft und den Verstand rauben, sind zu diesem Bekenntnis erst in der Lage, nachdem Jesus ihnen die Dämonen ausgetrieben hat. Das wahre Drama des Evangeliums scheint sich also auf einer anderen Ebene als auf der Ebene der Beziehungen zwischen Menschen abzuspielen. Es vollzieht sich als Kampf der Geister, die ganz offenkundig die eigentlichen Akteure auf der Bühne des Welttheaters sind.

Theoretisch und theologisch leuchtet mir ein, was Markus sagen will, wenn er diese Legion unreiner Geister auf den Plan seines Evangeliums treten lässt. Und dennoch frage ich mich, ob die Wirklichkeit, die Markus für seine Zeit als Wirklichkeit unreiner Geister beschreibt, für unsere Zeit nicht eindrucksvoller und nachvollziehbarer beschrieben werden könnte, wenn man auf die irreale Menagerie dieser gespenstischen Wesen verzichten würde. Müsste man dem Markusevangelium nicht seinerseits die unreinen Geister austreiben, um seine Botschaft als Antwort auf die Fragen von uns Heutigen infrage kommen zu lassen?

Am 1. Juni 1941 hielt der Marburger Theologe Rudolf Bultmann seinen berühmten Vortrag über die Entmythologisierung des Neuen Testaments. Darin fällt der vielzitierte Satz: »Man kann nicht elektrisches Licht und Radioapparat benutzen, in Krankheitsfällen moderne medizinische und klinische Mittel in Anspruch nehmen und gleichzeitig an die Geister- und Wunderwelt des Neuen Testaments glauben. Und wer meint, es für seine

Person tun zu können, muss sich klar machen, dass er, wenn er das für die Haltung des christlichen Glaubens erklärt, damit die christliche Verkündigung in der Gegenwart unverständlich und unmöglich macht.«

Und ganz im Sinne dieser Sätze sage ich zu Markus: »Ich fürchte, dass meine Zeit sich an den Dämonen, die du an den Menschen deines Evangeliums rütteln lässt, so sehr stösst, dass sie die Augen und Ohren vor der Wahrheit verschliesst, die du ihr zweifellos auch in zweitausend Jahren eigentlich noch zu sagen hättest. Ich fürchte, meine Zeit kann und will nicht verstehen, was du geschrieben hast. Zu fern klingen deine Geistergeschichten für eine aufgeklärte Welt, die seit einigen Jahrhunderten alles daran setzt, die Geister der Unvernunft, des Aberglaubens und der Fremdbestimmung durch obskure, undurchschaubare Mächte mit der Kraft und mit dem Licht der Vernunft auszutreiben. Ob es nicht klüger wäre, deine Dämonenaustreibungen in die sprechendere und tragfähigere Sprache der Wissenschaft zu übersetzen? Ob es nicht klüger wäre, die Wahrheit, die du in deiner Zeit auf deine Weise gesagt hast, für meine Zeit so zu sagen, dass der Geist Jesu Christi als Geist jener erhellenden Vernunft sichtbar wird, die einer von Dämonen heimgesuchten Welt mit den Mitteln der Bewusstseinsbildung, der Technologie, der Medizin und der Psychotherapie die Angst und den Horror nimmt – oder es zumindest versucht?«

So bemühe ich mich denn, ihm vor Augen zu führen, was wir Menschen des 21. Jahrhunderts unter Psychologie verstehen. Und ich sage am Ende: »Du schreibst, dass nichts, was von aussen in den Menschen hineinkommt, den Menschen unrein machen kann. Das stimmt. Und zugleich stimmt es nicht. Denn die Seele des Menschen kann ebenso durch äussere Einflüsse wie von innen heraus verunreinigt und verwundet werden. Und genau das ist die Pointe der Psychologie. Sie führt die Krankheiten der Seele, des Leibes und des Geistes auf biografische, soziale, genetische, biochemische und neurophysiologische Konstellationen, also auf intersubjektive und intrasubjektive Realitäten zurück und sucht diese Krankheiten auf eine Weise zu therapieren, die nicht von der Vorstellung Gebrauch machen muss, es gelte, ein nichtmenschliches Subjekt, das in den Menschen gefahren ist und ihn sich unterwirft, aus dem Menschen hinauszuwerfen und davonzujagen.«

Mein Gesprächspartner hört sich das alles aufmerksam an und schüttelt dann den Kopf. »Nein. Das, wovon du sprichst, sind keine Dämonen. Die Dämonen, die den Menschen von aussen unrein machen, kommen aus keinem Menschen dieser Welt. Sie kommen über ihn aus der Tiefe und aus der Höhe. Sie sind nicht der Mensch selbst, weil der Mensch nicht mehr er selbst ist, wenn er von ihnen heimgesucht und besessen wird.«

Er hält kurz inne und sagt dann: »Ich gebe zu, dass ich mich in dieser Angelegenheit vielleicht nicht gut, sondern missverständlich ausgedrückt habe. Lass es mich noch einmal anders sagen: Es gibt eine Unreinheit, die von innen kommt. Und weil sie von innen kommt, kann sie auch durch Kräfte, die von innen kommen, geheilt werden. Also durch Vernunft, durch Fasten und durch eine bestimmte Kunst des Lebens, von der die alten Griechen freilich mehr wussten als ich, der ich vor allem von der Wahrheit Jesu Christi und vom Glauben an ihn weiss. Es kann sein, dass deine Psychologie Macht über die unreinen Geister hat, die von innen oder aus anderen Menschen heraus in unser Inneres kommen. Aber die Unreinheit, die Gottes Schöpfung und die Schöpfung des Menschen hinterrücks und heimtückisch aus der Höhe und aus der Tiefe verunreinigt, muss auf anderem Weg ausgetrieben werden. Gegen die unreinen Geister, die von aussen, aus dem Chaos jenseits der Schöpfung heraus in uns fahren, hilft nur die Macht eines Stärkeren. Gegen sie hilft nur die Macht Gottes. Hast du das nicht selbst vorhin gesagt?«

»Ja, ich weiss«, sage ich. »Ich weiss auch, dass ich das glaube oder zumindest zu glauben versuche. Und zugleich zweifle ich, in dessen Brust zwei Seelen wohnen, immer wieder an diesem Glauben, weil ich ja eben doch ein Kind des Wirklichkeitsverständnisses meiner Zeit bin, für deren Wissenschaften Gott gestorben ist. Dir, der du ein Kind deiner Zeit bist, fällt es dagegen leichter, daran zu glauben, dass es unreine Geister gibt und dass der Geist Gottes stärker ist als die unreinen Geister. Ich frage mich allerdings, warum das so ist. Liegt es daran, dass ihr das, was wir Wissenschaft nennen, nicht kennt? Liegt es daran, dass ihr einen Sinn für Phänomene und Dimensionen der Wirklichkeit habt, der uns abhandengekommen ist? Was macht dich so sicher, dass die unreinen Geister wirklich sind und dass der Geist Gottes die Macht hat, sie auszutreiben? Woher weisst du das?«

»Ich weiss es, weil ich es weiss«, sagt er. »Wenn ich es nicht wüsste, hätte ich es nicht geschrieben. Ich weiss um die Macht der unreinen Geister, weil ich spüren kann, dass sie da sind. Ich weiss aber auch, dass der Menschensohn die Kraft hat, sie zu verscheuchen. Meine Welt, in der sich der Glaube an Christus ausbreitet wie eine Welle, vibriert von der Erschütterung durch ihn. Und mein Evangelium registriert und verstärkt dieses Beben, dem die Dämonen der Finsternis nicht standzuhalten vermögen. Mein Evangelium zeugt davon, dass Gottes Macht grösser ist als die Macht Satans, des Obersten der unreinen Geister. Ich lasse Jesus vom Geist Gottes erfasst und hinaus in die Einöde geworfen werden. Dorthin, wo er mit dem Geist und dem Ungeist allein ist. In die Wüste, wo er den Ungeist aus sich selbst austreiben muss. Ich setze ihn allen Versuchungen der unreinen Geister aus, damit er ihnen widerstehen und unempfindlich werden kann gegen Satan. Damit alle sehen und spüren, wer der Stärkere ist.«

»Satan«, sage ich leise zu mir selbst. Was für ein Name. Was für ein fremdes Wort. Ich frage Markus: »Hast du, wenn du an Satan und an das Böse denkst, eine Person vor Augen oder das namenlose Grauen eines Etwas, das irgendwo da draussen ist, uns heimsucht und uns zerstört?«

Und ich frage mich, ob Markus die Antwort geben wird, die Stephen King einmal gegeben hat. Stephen King, der das Böse oft genug als ein Wesen imaginiert hat, das in den düsteren Abgründen der Welt ausserhalb unserer selbst lauert und uns, wenn wir am wenigsten damit rechnen, anfällt und zerreisst. »All my life«, so der Grossmeister des Horrors, »I have gone back and forth about whether or not there's a force in the world that really wants to destroy us, from the inside out, individually and collectively. Or whether it all comes from inside and that it's all part of genetics and environment.«

Markus blickt mir in die Augen – ernst und kompromisslos. »Du weisst sehr genau, wer der Satan ist«, sagt er. »Oder nicht?« Er zögert und mustert mich. »Hast du am Ende vergessen, wer der Satan ist und wer die unreinen Geister sind, weil deine Zeit weder ein Sensorium für das wahrhaft Unreine noch einen Sinn für das wahrhaft Heilige hat? Kennt ihr Künftigen den Satan vielleicht deshalb nicht mehr, weil euch nichts mehr heilig ist? Und versteht deine Zeit genau aus diesem Grund nicht, dass ihr die Macht des grossen Verunreinigers der Welt nicht mit eurer Psychologie und mit eurer Aufklärungsphilosophie erklären und mit eurer Ethik aus der Welt schaffen könnt, ohne den Satan zu verniedlichen und aufgrund eurer Arglosigkeit am Ende von ihm überwältigt zu werden? Merke es dir, mein Freund: Nicht wir sind die Herren der Welt. Wir sind nicht einmal Herren in unserem eigenen Haus – weder im Haus unserer Seele noch im Haus unseres Geistes noch im Haus unseres Leibes. Wir selbst und die Welt, in der wir leben, sind vielmehr der Schauplatz eines Kampfes – eines Kampfes zwischen reinen und unreinen Geistern, zwischen dem heiligen Gott und Satan, der wie ein Blitz vom Himmel gefallen ist, um auf Erden als altböser Feind Gottes und des Menschen immer mächtiger zu werden. Und die Frage, deren Antwort uns wirklich Aufschluss über uns selbst gibt, ist die Frage, wem wir gehören und von wem wir geritten werden. Man kann die Eigenmacht der dämonischen Mächte, unsere Ohnmacht ihnen gegenüber und Gottes Macht über sie nicht ernst genug nehmen. Wer das nicht tut, begibt sich in die Gefahr der Verunreinigung seines Geistes. Er wird zu einer umso leichteren Beute für die Dämonen, an die er eigentlich gar nicht glaubt. Denn der Satan und die Seinen ernähren sich von der Sünde und vom unreinen Geist des Menschen, der übrigens auch im Gewand demonstrativer moralischer Reinheit in Erscheinung treten kann. Der Satan und sein Gefolge, die Dämonen und unreinen Geister, fahren dann in uns, wenn die Sünde und der Unglaube so stark und so sehr zur Sucht und zur Besessenheit geworden sind, dass wir sie geradezu ausdünsten und ein gefundenes Fressen für die Dämonen sind – die Dämonen, die von dem, was aus uns herausdringt, angelockt werden, in uns hineinfahren, sich in uns festkrallen und derart von uns Besitz ergreifen, dass wir die Geister, die wir riefen, niemals wieder loswerden können. Ebenso wenig wie die Geister, die ungerufen über uns kommen und uns aus uns selbst und aus der Gesellschaft unserer Mitmenschen hinauswerfen. Allein Christus und allein sein Evangelium kann es mit diesen Geistern aufnehmen, weil er die Dämonen mit der Kraft Gottes austreibt. Auch wenn jene, die ihn vernichten wollen, weil ihr Geist unrein ist, das Gegenteil behaupten und sagen, er treibe die Dämonen mit Beelzebul, dem Fürsten der Dämonen aus.«

Mein Gesprächspartner hebt den Zeigefinger seiner rechten Hand. »Aber genau das ist sie, die Sünde gegen den Heiligen Geist. Sie hat den Sohn Gottes ans Kreuz gebracht. Sie lässt Menschen sagen, dass er, der Christus, von einem unreinen Geist besessen und nicht vom Geist dessen erfüllt ist, der der Schöpfung den Lebensatem eingehaucht hat. Sie lässt Menschen sagen: ›Christus ist nichts. Und es ist auch nichts mit Gott. Wir dagegen, die Menschheit, sind alles.‹ All jene, die das sagen, reden aus der zerstörerischen Kraft eines unreinen Geistes heraus.«

Jetzt redet er wie einer, der mir nicht geheuer wäre, wenn ich ihm als Mensch meiner Gegenwart begegnen würde. Wie ein Eiferer. Ein Fundamentalist. Einer, der sagt: »Wer nicht für mich ist, ist gegen mich. Wer nicht meines eigenen Geistes Kind ist, ist ein Kind Satans.« Ob ich dieser Logik des Entweder-oder, des Gott-oder-Satan etwas abgewinnen kann und will? Ist es nicht genau dieses Freund-Feind-Denken, das irgendwann in uns den Wunsch entstehen lässt, Andersdenkende und Andersglaubende zu beseitigen?

Aber vielleicht trifft die Warnung meines Gesprächspartners vor der Lästerung des Heiligen Geistes ja wirklich ins Schwarze. Und womöglich kann sogar der Geist einer Zeit, also einer bestimmten Epoche oder Kultur der Weltgeschichte, als eine Art unreiner Geist gedeutet werden. Der Geist einer Kultur beispielsweise, die glaubt, mit ihren moralischen Instrumentarien über den einzig wirksamen Zuchtmeister der fehlbaren Menschennatur zu verfügen. Oder der Geist einer Kultur, für die nur das wirklich ist, was mit den Detektoren der sogenannten exakten Wissenschaften registriert und mit deren Technologien verändert werden kann. Der Geist einer Kultur, in der im Gegenzug ein umso grösseres Bedürfnis nach Mystik, nach Esoterik, nach Meditation und nach alternativen Wirklichkeiten entsteht, ohne dass dabei das Wort »Gott« wieder salonfähig würde. Der Geist einer Kultur, der selbst die christlichen Bewohnerinnen und Bewohner des nachchristlichen Abendlandes dazu bringt, alle Sätze über Gott als Sätze auf rot umrandeten Warnschildern erscheinen zu lassen, die Vorsicht signalisieren: »Achtung! Dieser Satz gibt keinen Sinn! Obacht! Dieser Satz ist gegenstandslos!«

Manchmal frage ich mich, ob wirklich wir Menschen es sind, denen Gott nicht mehr als wirkmächtige Realität einleuchtet, wenn wir ihn im Kontext der soeben beschriebenen Kultur der aufgeklärten Moderne für eine Illusion halten. Ich frage mich, ob es sich nicht vielmehr so verhält, dass die Matrix dieser Moderne es nicht zulässt, etwas als wirklich zu erachten, das von dieser Matrix ausgeschlossen wird, die ja gewissermassen auch eine Art Geist ist, der auf unseren Geist wirkt, indem er die Rahmenbedingungen unserer Erkenntnis definiert. Wer sich im Raum der Moderne dennoch nach der Wirklichkeit dieses Ausgeschlossenen sehnt, weil ihm in dieser Matrix ebenso unbehaglich und unheimlich zumute ist wie Thomas A. Anderson in dem Film »The Matrix«, wird weltfremd, melancholisch oder weltanschaulich radikal und muss sich am Ende mit den Worten unserer Zeit sagen lassen, was Markus mit den Worten seiner Zeit sagt, wenn er sagt: »Er hat einen unreinen Geist« – einen Geist, der ihn aus dem Haus der Vernunft, der Zurechnungsfähigkeit und des gesunden Menschenverstandes hinauswirft und als verrückt erscheinen lässt. So, wie Jesus selbst, über den seine Familie in Markus 3,21 sagt, er sei von Sinnen, also aus sich selbst hinausgetreten und stehe demnach neben sich.

Aber gibt es nicht doch einen erheblichen Unterschied zwischen jenen, die dem Geist ihrer Zeit nicht oder zu sehr entsprechen und jenen, die von einem unreinen Geist unkontrollierbar physisch und psychisch hin und her geworfen werden? Liegen nicht Welten zwischen den körperlichen und seelischen Explosionen und Implosionen der Besessenen, die Markus beschreibt, und dem Dissens unterschiedlicher Rationalitäten? Und gilt es nicht sehr wohl zwischen der vernichtend bösartigen Macht des Satans und den harmloseren Ungeistern zu differenzieren, derer wir mitunter ja durchaus kraft unserer Anthropotechnologien selbst Herr werden?

Als ich so vor mich hindenke und den Gesprächsfaden zu verlieren beginne, höre ich meinen imaginären Gesprächspartner weiterreden und mich fragen: »Hast du jetzt verstanden, wer der Satan ist? Oder glaubst du immer noch, du seist imstande, ihn weg- und zurechtzudenken?«

»Der Satan ist der Satan«, sage ich.

Er nickt und lacht. »Ja«, sagt er, »der Satan ist der Satan. Unreine Geister sind unreine Geister. Und Dämonen sind Dämonen. Nichts anderes.«

Ich sehe sie vor mir. Die Schlächter der Geschichte. Die Terroristen des »Islamischen Staates« und des 11. September. Die Extremisten, Amokläufer und Kindervergewaltiger. Die, deren Vergehen unsere Rationalisierungsmöglichkeiten übersteigen. Sie alle sind der Satan oder werden von ihm geritten. Jeder, der sie zu etwas Anderem macht, droht das Böse, das sie immer wieder über die Welt bringen, wegzuerklären, verstehbar zu machen, einzuordnen, zu verharmlosen und letztlich zu entschuldigen.

Aber ich sehe nicht nur die Unmenschen der realen Welt, sondern auch die Ungeheuer der bildenden Kunst und der Literatur vor mir. Ich sehe die dämonischen und dämonenbesessenen, so unwirklichen wie hyperrealen Wesen der Maler Francisco Goya, Antonio Saura und Francis Bacon. Ich habe das untot Böse vor Augen, das in Stephen Kings Büchern, die mir als Jugendlicher den Schlaf raubten, sein Unwesen treibt. Und ich kann die parapsychologisch verstörende Macht, die mir aus den Filmen David Lynchs heraus unter das Bewusstsein greift, schon spüren, wenn ich auch nur den ersten Ton der Titelmelodie von »Twin Peaks« höre. Nichts davon ist wirklich. Alles davon ist wahr. Faust, dem nur der Teufel die Lebensintensität geben zu können scheint, die er ersehnt, ist wahr. Und wahr ist auch der Ring, den Frodo Baggins vernichten soll, um die Welt vom Gelichter der Finsternis zu erlösen. Der Ring ist wahr, weil er die Versuchung des Menschen durch den Teufel symbolisiert, der ihm alle Reiche der Erde verspricht, den Menschen aber zum Teufel gehen lässt, sobald er dem Ring verfällt. Wahr sind die bösen Mächte der Black Lodge. Und wahr ist auch die Schlange, die die Menschheit im Garten Eden beschleicht, betört und ihrer unschuldigen Zufriedenheit so sehr beraubt, dass der Mensch fortan nicht mehr mit sich im Reinen sein kann und das Paradies unwiederbringlich verloren ist.

Ja, ich weiss, wer der Satan ist. Er ist eine Gestalt von höchster, ernst zu nehmender Realität und von beklemmender, verführerischer Gewalt. Eine Gestalt, die die Macht hat, die Schöpfung zu vernichten und alles wegzuspülen, wogegen die Dämme der Vernunft, der Moral, der Pädagogik, der Ethik und der humanisierenden Zivilisation errichtet wurden. Der Satan ist es, der durcheinanderwirft, was das Leben und die Welt zu einem wohlgeordneten, uns vor dem Schlimmsten bewahrenden und beheimatenden Raum macht. Der Satan ist es, der als Bewahrer und Retter des sicher gefügten Kosmos auf den Plan tritt, um diesen Kosmos ins Chaos zu stürzen. Und natürlich ist der Satan auch der eigentliche Verursacher der Sünde, die in ihrem tiefsten Inneren dämonischer Natur ist und keineswegs die Folge unserer Freiheit oder eine blosse moralische Verfehlung darstellt. Weil aber die Sünde ein Symptom der persönlichkeitszerstörenden Infektion des Menschen mit Dämonen ist, kann sie nur durch denjenigen beseitigt werden, der diese Dämonen austreiben kann. Das Markusevangelium lässt keinen Zweifel daran, dass allein Christus es ist, der Macht über die Sünde und über den Satan hat, und dass es die Mission Christi ist, die Sünde und den Satan aus der Nähe des Reiches des Menschlichen und des Reiches Gottes zu verscheuchen. So, wie die Mission des weisen Zauberers Gandalf in Tolkiens Epos »Der Herr der Ringe« darin besteht, der Feind Saurons zu sein und dessen Macht zu brechen.

Ja, ich weiss, wer der Satan ist. Und ich sage: »Der Satan ist der Satan. Und der Gottessohn ist der Gottessohn. Und nur er vermag den Satan zu besiegen – den Satan, der die Macht hat, alles ausser Gott selbst in seine Gewalt zu bringen. Ist es das, was du sagen willst? Oder haben auch wir Macht über den Satan? Dass du den Gottessohn immer wieder daran verzweifeln lässt, dass die Zwölf den Dämonen nicht gewachsen sind, signalisiert ja doch zweifellos, dass auch wir Herren und Herrinnen über die unreinen Geister sein sollen. Warum sonst lässt du Jesus die Geduld verlieren und ausrufen: ›Du ungläubiges Geschlecht! Wie lange muss ich noch bei euch sein? Wie lange muss ich euch noch ertragen?‹ Als wäre er ein entnervter Lehrer, der andere erfolglos in seiner Kunst zu unterrichten versucht und am Ende wütend wird, weil seine Schüler und Schülerinnen unfähige Idioten und Versager sind. Was denkst du denn nun wirklich?«, frage ich ihn. »Sollen wir unreine Geister austreiben? Können wir unreine Geister austreiben? Oder können wir es nicht? Hat am Ende doch nur Jesus die Macht über die unreinen Geister? Oder hat diese Macht kein Mensch, also auch Jesus, der Menschensohn, nicht?«

Er blickt sich um, als könnte uns jemand sehen und hören und als wäre er nicht in seiner Zwiesprache mit sich und seinem Evangelium allein – seinem Evangelium, das er noch einmal auf Herz und Nieren prüft, bevor er es aus der Hand gibt und seine Flaschenpost dem Ozean der Zeit überlässt. Er, dessen imaginärer Gesprächspartner ich ebenso bin, wie er mein imaginärer Gesprächspartner ist. Er, der vielleicht von einem Menschen aus einer fernen Zukunft nach ihm wissen wollte, ob das, was er seiner Zeit zu sagen hatte, auch einer künftigen Zeit etwas zu sagen haben würde. Er, der mich ebenso zu sich gerufen hat, wie ich ihn zu mir gerufen habe. Er und ich. Wir beide sind allein mit uns selbst und mit unseren Selbstgesprächen in unseren weit auseinanderliegenden, durch zahllose unüberbrückbare Gräben getrennten Zeiten. Oder vielmehr: fast allein. Denn unsere Leserinnen und Leser sind bei uns.

Er blickt sich also im Raum meiner Phantasie um, beugt sich zu mir herüber und sagt nahezu flüsternd: »Ich weiss es nicht. Ich weiss nicht, ob kein Mensch diese Macht hat. Aber ich glaube …« Wieder der argwöhnische Blick über die Schulter. »Ich glaube, es wäre nicht gut, die Christenheit zu entmutigen. ›Alles ist möglich dem, der glaubt!‹ Ist das nicht ein grossartiger, ermutigender, seelenbewegender und welterschütternder Satz? Und nehme ich der Christenheit nicht zugleich einen schweren Stein vom Herzen, wenn ich schreibe, dass auch sie, die ersten, bereits in meiner Zeit als die Grossen des Glaubens verehrten und verklärten Jünger versagten und scheiterten?« Er schliesst die Augen und reibt sich die Schläfen.

Ich frage ihn frei heraus: »Glaubst du, dass für die, die glauben, alles möglich ist?«

Nahezu flehend sagt er: »Es muss wahr sein. Es muss wahr sein, dass der Glaube Berge versetzen kann und wahr macht, was nichts und niemand sonst wahr zu machen vermag!«

Und ebenso flehend frage ich ihn zurück: »Aber woher um alles in der Welt könnten wir die Kraft dieses Glaubens nehmen?«

Ich stelle mir vor, dass er jetzt gleich sagt, was Martin Luther fast anderthalb Jahrtausende nach ihm gesagt hat und was die reformatorische Theologie bis heute sagt: dass wir nicht aus eigener Vernunft noch Kraft an Jesus Christus glauben oder zu ihm kommen können, sondern uns der Heilige Geist durch das Evangelium beruft, mit seinen Gaben erleuchtet, im rechten Glauben heiligt und erhält; gleichwie er die ganze Christenheit auf Erden beruft, sammelt, erleuchtet, heiligt und bei Jesus Christus erhält im rechten, einigen Glauben.

Oder dass er seinen Blick auf das Abendmahl, also auf Brot und Wein richtet und sagt, was Athanasius der Grosse von Alexandria wenige Jahrhunderte nach Markus sagte und was die römisch-katholische Kirche bis heute vertritt: dass nämlich die Hostie die Medizin der Unsterblichkeit und folglich eine Arznei ist, die uns göttliche Kräfte verleiht. Aber Markus kommt die Psychopharmakologie der Eucharistie nicht in den Sinn. Er sagt stattdessen etwas ganz anderes. Er sagt: »Wir sind schwach. Wir sind Bettler. Ja, das sind wir. Aber selbst wenn es keinen Einzigen in der Christenheit geben sollte, der stark genug ist, gibt es in ihr doch nicht nur Schwäche, sondern auch Kraft. Weil diese Christenheit mit

Christus in Berührung gekommen ist. Und weil viele, denen Jesus von Nazaret begegnet ist, sich an ihn wie an einen Strohhalm geklammert haben. Weil sie in ihm den Einen sahen, der als Einziger alles zurechtbringen und alles richten kann. Hätte ich ihnen die Quelle ihrer Kraft nehmen, ihnen auch noch ihre schwache Kraft rauben und schreiben sollen, dass auch dieser Eine die Kraft nicht hatte, an die sie glaubten und die sie spürten? Nein. Ich hätte es nicht verantworten können, das zu schreiben, und ich hätte es auch nicht übers Herz gebracht. Und ausserdem: Hat Christus nicht die Kraft, die unreinen Geister auszutreiben, wenn diejenigen, die ihm zu Beginn nachliefen und ihm bis heute nachlaufen, felsenfest davon überzeugt sind, dass er diese Kraft hat und dass auch sie diese Kraft haben, wenn er sie mit seiner Gegenwart anrührt? Und damit diese Kraft nicht verloren geht, sondern grösser wird, habe ich sie gesammelt, um in mein Evangelium die ganze verfügbare Kraft des Glaubens und das gesamte Herzblut der Christenheit einfliessen zu lassen. Wie mein Federkiel vollgesogen ist mit Tinte, so ist mein Evangelium vollgesogen mit der Intensität der Überzeugungen jener, die in Christus ihren Herrn und den Sohn Gottes erkennen. Was ich geschrieben habe, ist schwer wie ein Schwamm voller Wein, den man Lebenden und Sterbenden reicht, um sie zu stärken und ihren Geist aufzuhellen. Was ich geschrieben habe, ist schmerzlindernd und leichtigkeitverleihend wie die Milch des Schlafmohns. Und weil die Kraft des Glaubens an den Sohn Gottes und die Kraft des Lebens des Sohnes Gottes in diesem Evangelium sind, hat mein Evangelium vielleicht auch die Kraft, die unreinen Geister, die Dämonen und den Teufel zu verjagen.«

Er blickt zu Boden. Und dann zum Himmel. »Möge Gott geben, dass es so sei. Möge er unserem Unglauben helfen. Möge alle Kraft des Glaubens an Christus mit diesem Evangelium sein. Möge es selbst der Christus sein. Und möge durch seine Verbreitung die Gewissheit gestärkt werden, dass es den Einen gibt, der der Herr über die unreinen Geister und über ihren Fürsten und Obersten ist. Möge mein Evangelium als Antidot, als Exorzismus und als Antidämonikum taugen! Als Antidämonikum, durch das der Sohn Gottes immer wieder von neuem zur Welt kommt, um die unreinen Geister und den Satan aus der Welt hinauszuwerfen! Als Antidämonikum, als Opium und als Psychopharmakon, das uns aus der Geistesschwere unserer selbst hinaus und von der Erdenschwere des Bodens der Tatsachen empor in die Arme unseres Herrn wirft, dessen Reich nicht von dieser Welt ist und dessen Evangelium sich daher nicht darum zu scheren braucht, was diese Welt für wirklich und für wahr hält und was nicht.«

3

Und sechs Tage danach nimmt Jesus den Petrus, den Jakobus und den Johannes mit und führt sie auf einen hohen Berg, sie allein. Da wurde er vor ihren Augen verwandelt, und seine Kleider wurden glänzend, ganz weiss, wie kein Färber auf Erden sie weiss machen kann.

Markus 9,2–3

Jenseits des Allzumenschlichen

Der verklärte Menschensohn

Die nachchristliche Kultur neigt dazu, in Jesus nicht den göttlichen Herrn, sondern den Freund und Bruder und das ethische Vorbild zu sehen. Jesus ist in einer Zivilisation, für die Gott mehr oder weniger gestorben ist und die daher Theologie konsequent in Anthropologie und Sozialethik verwandelt hat, der liebende, hingebungsvolle, mustergültige Mitmensch und moralische Gesinnungsgenosse, dessen Verkündigung unschwer politisch, pädagogisch und psychologisch instrumentalisiert und sogar in den Dienst der Selbstgerechtigkeit gestellt werden kann.

Die Verbrüderung mit Jesus endet nicht selten in theologischer Distanzlosigkeit. Man tritt Jesus so lange zu nahe, bis er nur noch der nette Kumpel ist, dem man auf die Schulter klopfen und bei dem man sich ausweinen kann, ohne dass dieser Kumpel über seine solidarische Sympathie hinaus die Kraft hätte, mehr für uns zu sein als ein gutmenschlicher, letztlich aber hilfloser Beistand, der das erlösende Wort nicht sagen und die unheile Welt nicht heilen kann. Man tritt ihm so lange zu nahe, bis er sich widerstandslos funktionalisieren und vor den Karren der eigenen gesellschaftspolitischen Ziele spannen lässt.

Wenn ich das Markusevangelium lese, wird mir allerdings schnell deutlich, dass der Geist, der in jene gefahren ist, die sich Jesus als Inbegriff einfühlsamen Naheseins oder moralischen Appellierens anverwandeln, nicht der Geist des Markusevangeliums ist. Er ist vielmehr der Geist einer Zeit, die es aufgegeben hat, in Jesus von Nazaret mehr zu sehen als die Verkörperung des Humanen. Durch seine Verwandlung in einen menschenrechtsbewegten Menschenversteher wird der Menschensohn des Evangeliums freilich am Ende so leichtgewichtig und banal, dass er nicht mehr die Kraft hat, die Wirklichkeit zu verformen, bis sie zerreisst und den Blick freigibt für die Anderswelt Gottes, um die es im Markusevangelium geht. Dessen anderweltlicher Jesus entzieht sich je mehr, desto näher ich ihm trete, um hinter der Textfassade des Evangelisten auf die Suche nach dem Charakter Jesu zu gehen. Es gelingt mir nicht, lesend den guten Menschen oder den guten Freund zu entdecken. Ebenso wenig gelingt es mir, in Jesus irgendeinen Charakter wiederzuerkennen, der nicht ein fiktiver Charakter ist, sondern mir aus der Erfahrung meines nichtfiktionalen Lebens vertraut ist. Und letztlich gelingt es mir auch nicht, die Frage zu beantworten, ob Jesus sympathisch oder unsympathisch war. Der Christus des Evangeliums ist jeder humanistischen Idealtypologie, aber auch jeder Alltagsrealität der Welt, in der ich lebe, so fern, dass alle Menschenkenntnis dieser Welt nicht dazu hilft, mir ein besseres Bild von seinem Menschsein zu machen. Die Oberfläche des Markusevangeliums ist glatt wie ein griffloser Fels, der allen, die an ihm emporzuklettern suchen, seine abweisende Stirn bietet. Andererseits ist die Oberfläche des Markusevangeliums so glatt wie ein Spiegel, der nur die Gesichtszüge, die Wunschvorstellungen und den Geist derer reflektiert, die darin lesen. Daher erliegt man, wenn man sich über die Worte des Markus beugt, um dahinter auf die Suche nach dem Menschen Jesus zu gehen, leicht einer optischen Täuschung und glaubt angesichts der Buchstaben des Evangeliums, nicht das eigene Antlitz und das Antlitz des auf den Menschensohn projizierten prototypischen Menschen, sondern den Menschen Jesus selbst zu sehen.

Aber wahrscheinlich ist es nur menschlich, das Wesen des Menschen Jesus ergründen und aus den Worten des Neuen Testaments das Bild irgendeines vertrauten oder ersehnten Menschseins zeichnen zu wollen. Wahrscheinlich können wir nicht anders, als wissen zu wollen, was für ein Mensch der Menschgewordene gewesen ist, um derart tiefe Spuren im Boden der Tatsachen und im kollektiven Gedächtnis hinterlassen zu können. Wahrscheinlich kommen wir nicht umhin, ergründen zu wollen, welcher wirkliche Mensch sich hinter dem Gottessohn verbirgt, den Markus uns in jedem Satz seines Evangeliums als Mensch unter Menschen vor Augen führt und den er zugleich als Andersmenschen nahezu unendlich auf Abstand hält – so sehr, dass dieser ganz Andere auch dann, wenn er uns ganz nahe kommt, letztlich in einer unzugänglichen Sphäre bleibt. Und zwar keineswegs deshalb, weil uns von dem Mann aus Nazaret ein garstiger Graben der Geschichte trennen würde, sondern weil es der Evangelist selbst war, der Jesus von Nazaret schon vor fast zweitausend Jahren in eine Ferne entrückte, zu der keine noch so durchtriebene hermeneutische Horizontverschmelzung und kein noch so raffiniertes psychologisches Einfühlungsvermögen eine Brücke schlagen können. Denn die Ferne Jesu ist keine historische Ferne, sondern eine ganz andere, auratische Ferne. Eine Ferne, deren Erfahrung sich auch angesichts grosser Werke der bildenden Kunst einstellen kann.

Wer vor eine Skulptur des Schweizer Künstlers Alberto Giacometti tritt, wird sofort verstehen, was der Philosoph Walter Benjamin meinte, als er schrieb, eine Aura sei die »einmalige Erscheinung einer Ferne, so nah sie sein mag«. Denn auch wenn man die Nasenspitzen von Giacomettis Figuren mit der eigenen Nasenspitze berührt, was in Museen natürlich verboten ist, scheinen die von Giacometti als Kunstwerke verewigten Menschen seiner Zeit unendlich weit entfernt. Sie sind anwesend und abwesend zugleich. Sie sind da und zugleich anderswo. Sie sind wirkliche Menschen und doch keine Zeitgenossen unseres Wirklichkeitsraums. Sie sind, obwohl wir sie berühren können, unberührbar, heilig und entrückt. So, wie Christus auf dem Berg der Verklärung.

Petrus, der die Nähe des von Markus in jenseitiges Weiss Getauchten auf Dauer stellen und sogleich Hütten bauen will, weil es sich an einem derart den Niederungen des Alltags, der Anfechtung und der Uneindeutigkeit enthobenen Ort gut und unangefochten leben lässt, muss erkennen, dass dies unmöglich ist. Man kann den, der vom Himmel ist, nicht einfangen und auf seine blosse behagliche, nachbarschaftliche und heimatliche Nähe reduzieren. Zur Erfahrung der Gegenwart des Menschensohns gehört die Erfahrung einer Ferne, die nicht nur die Ferne des bettelarmen und obdachlosen Aussenseiters ist, von dem man sich nicht vorstellen kann, dass er mit Maria von Magdala ein Haus am See Gennesaret bewohnte, dort sesshaft wurde und Kinder zeugte. Sobald man es versucht und Jesus allzu sehr und allzu konsequent inkarniert und inkulturiert, verliert sich das, was die Erfahrung der verklärten Wirklichkeit zur Erfahrung der verklärten Wirklichkeit und Jesus zum Herrn über diese Wirklichkeit macht.

Die christliche Bildtradition trug der auratischen Erscheinung der Ferne Christi inmitten seiner Nähe zu den Menschen von je her dadurch Rechnung, dass sie Jesus Christus einen Heiligenschein aufsetzte, der auch durch die Dornenkrone nicht zum Verschwinden gebracht wird – wenngleich die moderne Kunst und die moderne Theologie alles daran setzen, das Auratische an Christus zu tilgen und seine Unverwechselbarkeit mit uns selbst desto deutlicher hervortreten zu lassen. Charles Baudelaire zufolge verliert der moderne Dichter im Getriebe der Grossstadt seinen Heiligenschein. Der Nimbus fällt in den Dreck der Strasse. Die Theologie und die humane Kultur der Moderne verlieren ihren Heiligenschein in den Kulturkatastrophen des 20. Jahrhunderts.

Der Surrealist Max Ernst lässt im Jahr 1926 auf einem seiner Gemälde Maria vor drei Zeugen das Jesuskind züchtigen. Dabei fällt der Heiligenschein des kleinen Christus zu Boden. Das war provokant gemeint und gemalt, und es traf den Nerv der ästhetischen und der theologischen Moderne des 20. Jahrhunderts, die Kunst und Theologie ohne Aura treiben und das radikal Menschliche und die Abgründe des Menschlichen ungeschminkt zur Anschauung zu bringen suchte: als Ästhetik des Hässlichen und als *theologia crucis*.

Mittlerweile jedoch ist das Auratische und das Sakrale zwar nicht in die evangelische Kirche, aber doch zumindest in die Kunst zurückgekehrt. Die unermüdlich dekonstruierte und destruierte christliche Ikonografie des schönen, berückenden und entrückenden Scheins beginnt von Neuem salonfähig zu werden. Der Glanz Gottes kehrt in der ästhetischen Welt wieder – etwa in der Malerei des Leipziger Künstlers Michael Triegel, der sich unverhohlen altmeisterlicher Bildgestaltungstechniken bedient, die die formalen Zerrüttungen des Expressionismus und der konkreten Kunst und die Ironien des Surrealismus und der Konzeptkunst weit hinter sich lassen. Gerade aufgrund ihrer anachronistischen religiösen und ästhetischen Gegenständlichkeit treten Triegels Bilder aber umso verstörender in Erscheinung. Triegel ist Michelangelo und Leonardo da Vinci näher als jedem anderen Künstler unserer Gegenwart, und er ist auch den Bildern des Gottmenschlichen, die die Worte des Evangelisten Markus und der Kirchenväter uns vor Augen stellen, näher als alle zeitgenössischen theologischen Dekonstruktionsversuche des Göttlichen und des Christlichen.

Und genau diese Bilder, die auch als innere Bilder erhabene und auratische Bilder eines trotz aller Berührbarkeit Unberührbaren sind, stellen sich mir immer wieder in den Weg, wenn ich dem Markusevangelium auf seinen menschlichen Grund gehen will, der irgendwo darin und dahinter verborgen sein muss. Denn Markus hat mir ja doch selbst gesagt, dass nicht er der Erfinder Jesu, sondern dass Jesus der Erfinder seiner Erfindung ist, weil nicht er Jesus, sondern weil Jesus ihn entdeckte.

»Das hast du raffiniert angestellt«, sage ich zu Markus. »Du hast uns Jesus literarisch so fern gerückt, dass unser Begehren, seiner mit unserer Menschenkenntnis Herr zu werden und ihn als einen von uns zu decodieren, niemals gestillt werden kann. Du überlässt ihn, den Menschen hinter dem Herrn deines Evangeliums, unserer Phantasie. Und welchen Menschen Jesus wir uns auch vor Augen, in unseren Geist und in unser Herz stellen – seine Menschlichkeit wird den Gottessohn ungerührt lassen und seiner Wahrheit keinen Abbruch tun können.«

»Du sagst es«, sagt Markus. »Mit welchen Schwertern und Stangen ihr auch ausziehen werdet, um den Menschen Jesus gefangen zu nehmen: Der Gottessohn wird mitten durch euch hindurchgehen.«

»Und dennoch«, sage ich, »kann ich nicht anders, als verstehen zu wollen, wer der Nazarener wirklich gewesen ist.«

Er fällt mir sogleich ins Wort. »Wirklich ist nur der, der die Macht über die Wirklichkeit hat.«

»Das bist du«, sage ich zu ihm. »Du hast die Macht über die Wirklichkeit Jesu. In gewisser Weise zumindest. Aber du hast nicht die Macht über meine Einbildungskraft – jedenfalls nicht alle Macht. Hinter deinem Evangelium steckt der Mensch Jesus. Und ich kann versuchen, diesen Menschen zu entdecken. Ich kann versuchen zu verstehen, wie aus dem Stein eine solch ungeheure Welle wurde.«

»Versuche es«, sagt er. »Was siehst du? Wen siehst du?«

Ich bin mir nicht sicher. Ich sehe einen eigenartig nahbaren und einen eigenartig unnahbaren, einen eigenartig anziehenden und einen eigenartig abstossenden Jesus. Und irgendwo dazwischen sehe ich auch den verstörten und verwirrten Weltverbesserer, den Martin Scorsese im Anschluss an Nikos Kazantzakis' Roman »Die letzte Versuchung« in seinem Film »The Last Temptation of Christ« 1988 ins bewegte Bild gesetzt hat. Ich sehe einen unheilbar an sich selbst und an seiner Suche nach Gott Erkrankten, der es mit den Mächten aufnehmen zu können glaubt, die zu seiner Zeit die Welt kontrollieren, aber am Ende unter die Räder einer Realität gerät, die ihn zermalmt.

Aber ich sehe eben nicht nur einen armen, weltfremden und naiven Irren, der wie Don Quijote gegen Windmühlen kämpft. Wenn ich angesichts der Lektüre mancher Zeilen des Markus und angesichts der befremdlichen Gefühle, die sie in mir auslösen, ehrlich zu mir selbst bin, dann frage ich mich zuweilen, ob die Christenheit nicht einer äusserst fragwürdigen Figur auf den Leim gegangen ist: einem grossen und raffinierten Verführer.

Denn gelegentlich sehe ich, wenn ich durch die Buchstaben und Andeutungen des Markusevangeliums hindurch in die Tiefen meiner Einbildungskraft und in den Geist und die Seele Jesu vorzudringen versuche, eine sehr unangenehme Gestalt vor mir. Ich sehe einen Menschen, der andere um den Finger wickelt, mit Leichtigkeit in ihre Seele dringt und ihnen geistig und geistlich Gewalt antut, ohne dass sie diese Gewalt spüren würden. Ich sehe eine skrupellos distanzlose Figur vor mir, die sich ihrer selbst und ihrer Sache zu sicher ist, als dass sie sich davon abhalten liesse, anderen auf den Geist zu gehen, sich ihnen aufzudrängen und sie sich gefügig zu machen. Ich sehe einen Herrenmenschen vor mir, der naturgemäss nur gebieten kann und keinen Widerspruch angesichts des von ihm Gebotenen duldet, weil er nicht dazu veranlagt ist, auch nur im Geringsten daran zu zweifeln, dass er im Namen einer höheren Macht redet und handelt. Ich sehe einen Menschen vor mir, der unter dem Vorwand, allen zu dienen, über alle herrscht. Einen Menschen, der sich Einlass verschafft in die intimsten Bereiche jener, in deren Leben er ungefragt eindringt, indem er auftaucht, sie aus ihren Bindungen herausreisst und in die ausweglose Abhängigkeit führt. Ich sehe einen latent Zornigen und Gewalttätigen vor mir, dem gerade die schwachen und selbstkritischen, unsicheren und anlehnungsbedürftigen Persönlichkeiten erliegen, die sich nach starken Autoritäten sehnen, vor deren potenzieller Gewalt sie zurückzucken, von deren vereinnahmender Nähe sie sich aber Schutz und Stärke versprechen. Ich sehe einen Menschen vor mir, dem es aufgrund seines unwiderstehlichen Selbstbewusstseins gelingt, gerade das emotionale, intellektuelle und ökonomische Prekariat dazu zu bewegen, dass es sich alles von ihm verspricht. Das Prekariat, das nichts zu verlieren hat, aber von ihm, dem Bewunderten, nichts bekommt als das, was er sich von jenen, die ihm Macht geben, wenn sie ihn idealisieren und verherrlichen, zugleich für sich selbst nimmt. Ich sehe einen Menschen vor mir, der alle bezirzt und betört, weil er ohne Falsch wie eine Taube scheint, aber in Wahrheit doch klug und listig wie eine Schlange ist. Ich habe einen Soziopathen im Gewand höchster Sozialfähigkeit vor Augen – einen Menschen, der jenen, die ihn lieben, den Eindruck vermittelt, er liebe allein sie und er allein werde sie erlösen. Einen Soziopathen, dessen Lieblingswort »Ich« lautet, das aber jene, die ihm erliegen, immer nur als »Du« hören und wahrhaben wollen. Einen Soziopathen, der angehimmelt und für eine messianische Gestalt und letztlich für Gott selbst gehalten und angebetet werden will. Ich sehe einen Menschen vor mir, der allen alles zu geben bereit scheint und dabei doch nichts anderes im Sinn hat, als dass alle vor ihm niederfallen und ihm dienen. Ich sehe den Aufrührer, den Störenfried und den Revolutionär vor mir, dem es gelingt, sich die Vielen gefügig zu machen, weil das gleissende Licht seiner Verheissung, alle Menschen in die Freiheit der Kinder Gottes zu führen, nicht wenige mit Blindheit schlägt. Ich sehe den Menschenfischer vor mir, der die Menschen mit dem Netz seiner Menschenkenntnis und seiner demagogischen Überzeugungskraft umgarnt, ohne dass sie merken würden, dass sie nicht mehr sie selbst sind, wenn sie ihm ins Netz gehen. Ich sehe einen Menschen vor mir, der sich um keine Wahrheit schert als um seine eigene – die einzige Wahrheit, an die er glaubt und für die er sich verzehrt, um jene anderen verzehren zu können, von deren emotionaler Abhängigkeit er sich ernährt. Ich sehe einen Menschen vor mir, mit dem jene, die emotional weniger abhängig von der Hingabe und Anerkennung anderer und daher noch kälter sind als er, nicht lange fackeln und kurzen Prozess machen, um nicht einen unberechenbaren Egomanen und Borderliner an die Macht kommen zu lassen. Ich sehe einen Menschen vor mir, der gewiss kein armer, aber in den Augen derer, die die Welt im Innersten und im Äussersten zusammenhalten, doch ein gefährlicher Irrer ist. Ein Irrer, der lammfromm daherkommt, aber nicht Frieden stiftet, sondern Zwietracht sät wie Tullius Destructivus in dem Asterixband, der 1970 unter dem französischen Originaltitel »La zizanie« – »Die Zwietracht« – erschien. Ich sehe einen Menschen vor mir, der alle, die an ihn glauben – Männer wie Frauen – derart zerstört und ihres Lebensinhalts beraubt zurücklässt, dass sie nach ihm nur dadurch ins Leben ohne ihn zurückkehren können, dass sie sich der kollektiven Autosuggestion hingeben, er sei auferstanden und in Gestalt seines Geistes immer noch und auf ewig in ihnen und unter ihnen gegenwärtig.

Könnte der historische Jesus von Nazaret, dessen Intensität die Welle auslöste, die auch unsere Gegenwart noch erfasst, tatsächlich ein derart unheimlicher und unguter Mensch, ein gefährlicher Verführer, ein Wolf im Schafspelz gewesen sein? – Ich hoffe inständig, dass das undenkbar ist. Hätte einem solchen Jesus nicht schlicht und einfach die emotionale Macht gefehlt, ein religiöses Feuer anzufachen, das bis heute nicht erloschen ist? Wäre ein solcher Jesus nicht sofort durchschaut und instinktiv gemieden worden?

Das freilich dürfte ein frommer Wunsch sein. Denn leider ist die Geschichte das beste Beispiel dafür, dass die Welt betrogen werden will und dass eine auffällige, um nicht zu sagen psychopathische Psyche, die im Gewand kraftstrotzender, menschenzugewandter Vitalität daherkommt, mitunter die beste Voraussetzung dafür darstellt, Menschen und ganze Völker zu manipulieren, in die Abhängigkeit zu treiben und in den Untergang zu führen. Über viele dieser Führer pflegt spätestens die Nachwelt den Stab zu brechen. Interessanterweise scheint das für die grossen religiösen Führer, Religionsstifter und Heiligen nicht zu gelten. Sie bleiben auch nach Jahrhunderten seltsam ungeschoren und ernten allenfalls Kritik von vehementen Gegnern der Religion. Ob sie deshalb über jeden Zweifel an ihrer hehren Menschlichkeit erhaben bleiben, weil sie über jeden Zweifel erhaben waren? Vermutlich nicht. Wahrscheinlich verhält es sich eher so, dass der Wille des Menschen zur religiösen Gefolgschaft derart glaubens- und verblendungsbereit ist, dass sein Blick für die Schattenseiten der Religions- und Pseudoreligionsgründer besonders leicht getrübt werden kann. Die Gegner des Christentums, allen voran jene, die behaupten, Religion sei untrennbar mit Gewalt und Intoleranz liiert, dürften in der Tat Letzteres dick und blutrot unterstreichen und betonen, dass mein Bild des psychopathischen Religionsstifters das Wesen aller monotheistischen Religionsstifter auf das Trefflichste charakterisiere, weshalb sie, die alles durchschauenden Kritiker des Christentums, nicht nur keine Christen, sondern grundsätzlich gegen Religion seien. Gegen Religion, die den Menschen im Namen der einen Wahrheit und des einen Gottes mit sich selbst entzweie und einer menschenverachtenden Ideologie unterwerfe. Gegen Religion, die autoritäre, gewaltbereite und unterwürfige Charaktere hervorbringe, die gehorchen, wo sie nur können. Ob diese Religionskritiker auch gegen Religion sind, die auf den ersten Blick nicht als Religion daherkommt, aber etwa als Welterlösungswille dennoch religiöse Züge trägt, steht auf einem anderen Blatt.

Und dennoch: Ich kann und will nicht davon ausgehen, dass Jesus dem Bild dieser Vision entsprochen haben könnte. Und ich bin froh, dass der Evangelist Markus einen Christus erschaffen hat, der dem Menschen Jesus zumindest ein literarisches Alibi gegen alle Indizien verschafft, die darauf hindeuten könnten, er sei ein manipulativer, fragwürdiger und unguter Mensch gewesen. Denn die Reinheit des auch in seinem Leiden aus der Sphäre des Allzumenschlichen entrückten markinischen Christus stellt alles in den Schatten, was gegen den Menschen Jesus sprechen könnte. An dessen menschlich-allzumenschlichem Charakter hat das Markusevangelium ja gerade deshalb kein Interesse, weil sein Augenmerk dem archetypischen und prototypischen Retter der Menschheit gilt – dem Retter der Menschheit, dessen Licht den Menschen in der Begegnung mit dem historischen Jesus aufgeht.

Weil mir dieser historische Jesus aber keine Ruhe lässt und weil mein Geist trotz der Aussichtslosigkeit eines solchen Unterfangens offenbar nicht anders kann, als nach dem Bekannten im Unbekannten zu suchen, spekuliere ich weiter, was für ein Mensch der Menschensohn des Evangeliums gewesen sein könnte.

Noch einmal also blicke ich durch die Buchstaben des Markusevangeliums und durch die von Markus gesammelten und zu einem zeitlich zusammenhängenden Ganzen komponierten Überlieferungen hindurch auf den Menschen Jesus. Und ich frage mich, ob in dem Mann aus Nazaret nicht ein grosses Kind auf den Plan getreten sein muss, um das auslösen zu können, was er auslöste. Ist es nicht vielleicht doch so, dass der Heiland der Weltwunden die Welt nur erlösen kann, wenn er die Züge eines Kindes trägt? Sind nicht alle Religionen kraftlos und ohne Zauber, wenn wir durch sie nicht in unsere Kindheit zurückkehren können, in der Magie und Realität einander durchdrangen, in der jedes Spiel heiliger Ernst war und in der aus jedem Ernst ein Fluchtweg in selbstvergessenes Spiel führte?

Und mit einem Mal sehe ich es: das göttliche Kind, dessen Kindheit doch erst die Evangelisten Lukas und Matthäus erfanden – vielleicht, weil sie wussten, dass jede Geburt eines Kindes existenziell ergreifend ist. Vielleicht, weil ihnen klar war, dass es nichts Unschuldigeres gibt als einen neugeborenen Menschen und dass die Idee des reinen, sündlosen Christus geradezu danach schreit, auch in einem Kind verkörpert und in Kindheitsgeschichten imaginiert zu werden, die die Christenheit anrühren würden bis ins Herz und bis in Ewigkeit. Ich sehe es also vor mir: das göttliche Kind, das die Welt umarmt und von der Welt umarmt wird – jedenfalls von jenen Menschen, denen die Kindlichkeit noch nicht durch die Gewalt ausgetrieben ist, die sie sich selbst antun, um zu denen zu gehören, die die Macht und das Sagen haben. Ich sehe das göttliche Kind, das aus dem Nichts kommt und das aus der Sicht jener, die nicht anders können, als es zu lieben und es berühren und von ihm berührt werden zu wollen, nur aus Gott kommen kann. Aus Gott, den dieses Kind »Abba, lieber Vater« nennt und den dieser liebe Vater seinen lieben Sohn nennt, an dem er Wohlgefallen hat. Ich sehe das göttliche Kind vor mir, das allen Menschen die wahre Kindheit zurückgibt, sie zu Kindern Gottes macht und in die Heimat führt, die allen die Kindheit scheint und worin noch niemand war. Ich sehe das göttliche Kind, das die Kinder in ihre Mitte stellt, um jenen, die ihm nachfolgen wollen, zu zeigen, wie leicht es ist, die Leichtigkeit des Seins und die Nähe Gottes zu spüren, wenn man sich der glücklichsten Augenblicke der Kindheit entsinnt und wieder zum Kind wird, das man einst war und vielleicht niemals ganz aufgehört hat zu sein. Theodor W. Adorno bemerkte einmal, ein entscheidender Wesenszug wirklich großer, genialer Menschen sei es, sich inmitten des Lebensernstes die Kindlichkeit bewahrt zu haben. Womöglich machte genau dieser Wesenszug unzerstörbarer Kindlichkeit den

Nazarener zu einem religiösen Genie und das göttliche Kind zum Sohn Gottes. Das göttliche Kind, das leichtfüßig über das Wasser und über die Erde ging. Das göttliche Kind, das – wie Bertolt Brecht dichtete – die Gewohnheit hatte, einen Stern über sich zu sehen zur Nachtzeit, und das vor lauter Vertrauen in den väterlichen Urgrund der Welt nicht anders konnte, als sich für erwählt und unverwundbar zu halten, auch wenn es allen frei heraus die Wahrheit ins Gesicht sagte. Den Mühseligen, den Beladenen und den Bedrückten, die sich selbst im Weg stehen, die Wahrheit, dass sie getrost vergessen sollen, was sie zu Boden drückt, weil Gott der grosse Aufrichter verkrümmter, geknickter und verletzter Seelen ist. Den Quälern und Bedrückern, die anderen im Weg stehen, die Wahrheit, dass sie sehr fern vom Reich Gottes sind und dass leichter ein Kamel durch ein Nadelöhr geht, als dass einer, der sich mit seinen Errungenschaften und Habunseligkeiten quält, ins Reich Gottes kommt. Ich sehe das göttliche Kind, das glaubt, es genüge, von jenen, die es lieben, auf Händen und auf einem Eselsfüllen ins Herz der religiösen und politischen Macht getragen zu werden, um sie nicht mit Zorn und auch nicht mit Gewalt, sondern mit seiner entwaffnenden Unschuld im Sturm zu erobern. Ich sehe das göttliche Kind, das sich nicht vorzustellen vermag, dass jene ihm böse sein und Böses wollen könnten, deren Schutzmechanismen gegen die Nähe Gottes es durchschaut und unverblümt zur Sprache bringt. Ich sehe das göttliche Kind vor mir, das so gerne und so lange mit dem Wort Gottes spielt, bis es zu einem Geschenk des Himmels wird, sich die Tore der Schrift öffnen und in die Pforten des Paradieses verwandeln, welche nicht mehr von den Cheruben des Verbots bewacht, sondern von Engeln umstanden werden, die alle hereinwinken. Ich sehe das göttliche Kind, das furchtlos auch dorthin geht, wo andere sich ekeln und sich die Hände nicht schmutzig machen wollen. Das göttliche Kind, das selbst jene verzückt, die von der Härte und Schwere ihres Lebens zu Anwälten ihrer eigenen Erniedrigung und Entwürdigung gemacht worden sind und sich nichts mehr von ihrem Leben und auch von nichts und niemandem sonst, zuallerletzt von Gott, erwarten. Ich sehe das göttliche Kind, das selbst die Herzen jener im Sturm erobert, denen es liebenswert frech so sehr zu nahe tritt, dass sie sich endlich von dem angerührt fühlen, wonach sie sich sehnen, ohne es zeigen zu können. Ich sehe das göttliche Kind, dem trotz seiner heiligen Einfalt, Arglosigkeit, Leichtigkeit und Unbekümmertheit irgendwann zu dämmern beginnt, dass es zwar unreine Geister auszutreiben, aber sich nicht gegen jene zu wehren in der Lage ist, die sich von seiner entwaffnenden Kindlichkeit nicht anrühren und entwaffnen lassen. Jene, deren Geist weniger böse als vielmehr ausgetrocknet, verhärtet und unempfindlich geworden ist gegen die Unwiderstehlichkeit des göttlichen Kindes. Ich sehe das göttliche Kind, dessen Todfeinde unmissverständlich offenbaren, dass die, die ungerührt und unberührbar mit sich selbst im Reinen oder im Unreinen sind, die eigentlichen Verderber des Guten sind. Ich sehe das göttliche Kind, das hellsichtig genug ist, seinen gewaltsamen Tod kommen zu sehen, aber dann doch davon überrascht wird, dass Tod, Gewalt und politisch-religiöser Pragmatismus sich nicht von ihm betören lassen. Ich sehe das göttliche Kind, das sich im Garten Getsemani und auf Golgota von allen guten Geistern und selbst von seinem himmlischen Vater verlassen glaubt und am Ende tatsächlich nur deshalb nicht mutterseelenallein mit sich und seinem Tod ist, weil die Frauen, die es lieben, nicht von ihm weichen und weil auch an seinem Ende noch ein Funke kindlicher Naivität in ihm ist. Ich sehe das göttliche Kind, dessen Charisma und dessen Menschen- und Lebensbejahung so gross sind, dass diejenigen, die von ihm verzaubert werden, den Himmel über ihm offenstehen sehen – den Himmel, zu dem es ihr Leben macht, das es verwandelt und ins Reich Gottes versetzt. Ich sehe das göttliche Kind, das seinerseits in dieses Reich entrückt und dem Tod entrissen worden sein muss, weil dieses göttliche Kind selbst das Leben ist, das nicht ins Grab gehört und daher nicht im Grab geblieben sein kann.

»Ja, Markus«, sage ich zu ihm, »dieses göttliche Kind wäre der Mensch Jesus, den ich mir wünschen würde. Ich könnte ihm, würde ich ihm ausserhalb meiner Einbildungskraft begegnen, jederzeit verfallen. Die Intensität seiner unschuldigen und doch so machtvollen Kindlichkeit wäre stark genug, mich daran glauben zu lassen, dass ein Evangelium, in dem dieses Kind zur Welt kommt, die Wahrheit ist und die Kraft hat, die Jahrtausende nach ihm anzurühren und die angeschlagene, aufgekratzte und mitgenommene Welt zu heilen und zu erlösen.«

Und doch weiss und spüre ich, dass auch dieses Psychogramm Jesu nur meine eigene Projektion ist und dass sich der Gottessohn des Markusevangeliums auch den Zudringlichkeiten dieser meiner zweiten Vision entzieht.

»Nicht wahr, Markus«, sage ich, »auch die Unwiderstehlichkeit des göttlichen Kindes ist nur ein matter und müder Abglanz der Macht Jesu Christi? Und weil dem so ist und weil es dir gelingt, deinen Jesus durch auratische

Verklärung unserem psychologisierenden Zugriff zu entziehen, laufen alle Jesusdeutungen ins Leere, die uns Jesus als den oder jenen besonderen Menschen nahebringen wollen, auf dass wir uns mit ihm identifizieren und in ihm das Menschsein erkennen, das unserer Zeit als das nachvollziehbarste und erstrebenswerteste einleuchtet. Sie scheitern daran, dass du den Mann aus Nazaret von vornherein jenseits von Sympathie und Antipathie und jenseits des Menschlich-Allzumenschlichen in eine Höhe entfernst und entrückst, in der er als der ganz Andere und eben nicht allein als intensiver, besonders menschlicher Mensch, sondern als Fremder vom Himmel erscheint. Die Kleider des Verklärten sind deshalb von einer überirdischen Weissheit, die jede menschliche Weissheit überstrahlt und jede menschliche Weisheit transzendiert, weil du ihn, den ganz Anderen, den Andersmenschen, davor in Sicherheit bringen willst, mit einem von uns verwechselt zu werden. Einer von uns könnte uns letztlich nicht heilen und retten, auch wenn er noch so sympathisch und noch so unwiderstehlich wäre. Einer von uns könnte uns aber auch nicht zerstören – selbst dann nicht, wenn er noch so unsympathisch und widerlich wäre. Denn letztlich kann uns nichts retten und nichts zerstören, was nicht wie dein Jesus, wie der Gralsritter Lohengrin, wie Parsifal, der reine Tor, wie Gandalf der Weisse und wie Winnetou, der Häuptling der Apachen, aus einer Sphäre kommt, die nicht die Sphäre der Wirklichkeit unserer Welt ist. Der Jesus, den du in der Mitte deines Evangeliums sehr weiss und ungeheuer oben erscheinen lässt, kann und darf offenbar nicht von dieser Welt sein. Er muss, obwohl er ein Mensch ist und obwohl er am Ende als Mensch im blutbesudelten Gewand jämmerlich zugrunde geht, zugleich jenseits des Menschlichen sein, damit er wirklich unser Heiland und unser Retter sein kann. Während kein Mensch kein Mensch ist, ist der Menschensohn der Mensch, der Gott sei Dank nicht allein Mensch, sondern Gott ist.«

4

Und er nahm Abschied von ihnen und ging auf den Berg, um zu beten.

Markus 6,46

Weltfremdwerdung

Die Einsamkeit und der ganz Andere

Das Markusevangelium ist Ausdruck des gewaltigen Eindrucks Jesu. Die Menschen reissen sich darum, den Menschensohn des Evangeliums zu sehen, zu hören und von ihm berührt zu werden. Markus führt uns nichts Geringeres als einen Star vor Augen. Der Star Jesus und die Stars unserer Zeit scheinen imstande zu sein, unsere Sehnsucht nach Wiederverzauberung der Welt zu befriedigen. Trotz aller Ikonisierung und Verklärung menschlicher Aussergewöhnlichkeit werden wir jedoch nach dem Ende des Auftritts der Stars und nach dem Ende der Siegesfeiern des Sports immer wieder umso härter auf den Boden der Tatsachen zurückgeworfen und bleiben in unserem sternenlosen Alltag mit uns allein. Markus legt Wert darauf, dass es sich mit der irdischen Begegnung mit dem Star Jesus anders verhält. Sie ist erst der Anfang, also gewissermassen das Morgenrot dessen, was uns blüht, wenn Gott dereinst alles in allem sein und der Menschensohn wiederkommen wird auf den Wolken des Himmels.

Der leuchtende Stern Jesus entfaltet aber nicht nur eine ungeheuere Anziehungskraft, er aktiviert auch Kräfte der Abstossung, die ihn am Ende das Leben kosten. Er geht nicht in der Menschentraube auf, die ihn unentwegt umringt, um wenigstens den Saum seines Gewandes zu berühren und die göttliche Energie des Nazareners zu spüren. Jesus lebt nicht allein vom Bad in der Menge und von der Nähe der Menschen, die seine Nähe suchen, weil er ihr Lebenselixier ist – so, wie sein göttlicher Vater, zu dem er immer wieder in die Einsamkeit flieht, sein Lebenselixier ist. Der Gottessohn des Evangeliums lebt so von der Nähe Gottes, wie die Menschen, die ihm nachlaufen, von der Nähe Jesu leben. Und weil Jesus die Nähe Gottes sucht, lässt er das Volk ein ums andere Mal hinter sich und stösst sich aus dem Getümmel in die menschenverlassene Einsamkeit ab, die nicht nur der Ort der Heimsuchung durch den Satan, sondern der Ort einer besonderen Gegenwart Gottes ist.

Der Evangelist Markus betont also nicht nur die Nähe, sondern auch die Distanz des Menschenfischers zu den Menschen. Und so erscheint der Menschgewordene im Markusevangelium wie Mose auf dem Berg Sinai im Buch Exodus als der gottnahe und menschenferne Einsame. Jesus ist und bleibt allein – allein mit sich, allein mit Gott und an seinem Ende am Kreuz mutter- und vaterseelenallein und von Gott und allen guten Geistern verlassen. Im Grunde ist Jesus, der Mensch mit dem reinen Geist, während seines gesamten Lebens und Sterbens ebenso ein Ausgestossener wie der Mensch mit dem unreinen Geist, der Markus 5 zufolge in den Grabhöhlen haust – dort, wo man auch Jesus, den einsamen Heiligen Gottes, nach seinem Tod am Kreuz bestatten wird.

Dieser einsame Heilige Gottes ist letztlich ein *homo sacer*. Ein Mensch mit dem Rechtsstatus des *homo sacer* durfte in der Antike straflos getötet werden. Er galt als vogelfrei und zugleich als sakrosankt. Aufgrund seiner Heiligkeit war er untötbar, da er der Gottheit gehörte.

Insbesondere nach einem Eidesbruch wurde ein Mensch zum *homo sacer*. Denn durch den Meineid ging er in den Besitz der Gottheit über, in deren Namen der Eid abgelegt worden war. Wenn der *homo sacer* dennoch getötet wurde, galt dies als Rache der vom Eidesbrecher getäuschten Gottheit. Auch der *homo sacer* Jesus gehört der Gottheit. Er ist der Auserwählte und Ausgesonderte, der schlechthin Heilige. Und weil er dieser Heilige ist, lässt Markus ihn trotz aller Menschennähe fern von allem Menschlichen in Erscheinung treten – auf den höchsten Höhen der Verklärung und Entrückung in der Gesellschaft der Allerhöchsten des Alten Testaments und in den tiefsten Tiefen des gottfernen Menschseins am Kreuz auf der Schädelstätte Golgota, wo Jesus aus jeder menschlichen Gesellschaft herausgerissen und seinem tödlichen Schicksal überlassen ist. Der Weg des *homo sacer* des Markusevangeliums durchmisst die Maximaldistanz des Menschlichen und die Maximaldistanz des Unmenschlichen. Und am heiligsten ist dieser Heilige dort, wo er seiner Aura nach menschlichem Ermessen völlig beraubt ist, und dort, wo sein heldenhafter Glanz alles überstrahlt. In den Extremlagen, also auf den höchsten Höhen und in den tiefsten Tiefen des Seins, lässt Markus die Menschlichkeit Jesu als Gegenwart des Göttlichen erscheinen. Dabei macht der Evangelist, der in diesen Extremlagen in seinem Element ist, sich und seinen Leserinnen und Lesern keine Illusionen. All jene, die es ernst mit dem Nazarener meinen, dürfen Markus zufolge nicht darauf hoffen, dass der Weg der Nachfolge durch heitere Mittellagen, gemässigte Breiten und entspannte Komfortzonen führt. Eigentlich also stellt das Markusevangelium eine Anleitung zum Unglücklichsein im Namen Christi und zur Standhaftigkeit in einem Martyrium dar, dessen Lohn in einem ganz anderen, ungleich wahreren, dichteren und atemberaubenderen Leben besteht – in einem Leben, das die Märtyrer dorthin führt, wohin Christus ihnen vorangegangen ist. Für dieses Leben, so Markus, lernen wir, wenn wir in die Schule der Einsamkeit gehen. Das Markusevangelium ist gleichsam ein Vademecum für verfolgte Christinnen und Christen.

Aber selbst dann, wenn uns und den Christen und Christinnen nach uns das Martyrium einer Christenverfolgung erspart bleiben sollte – einen Weg des Martyriums müssen wir alle gehen: den Weg des Leidens an unserer Sterblichkeit und an unserem bevorstehenden Tod. Und so sehr wir wohl möchten, dass jemand diesen Weg mit uns geht, so allein werden wir doch eines Tages mit unserem Vernichter sein. Das Markusevangelium und sein Christus sind und bleiben also auch dann Wegbegleiter durch die Einsamkeit des Martyriums, wenn wir nicht deshalb verfolgt werden, weil wir Christinnen und Christen sind, sondern deshalb, weil wir als sterbliches Fleisch dem Tod gehören, der von Geburt an hinter uns her ist.

Was genau aber ist es, das uns die Einsamkeit lehrt, in die das Markusevangelium Jesus und uns zieht? Womit könnten wir uns dort imprägnieren? Was würde es uns helfen, die Welt zu verlieren und Plätze aufzusuchen, an denen wir nicht zuletzt deshalb Schaden an unserer Seele nehmen könnten, weil uns keine Menschenseele mehr nahe ist und weil die Welt um uns herum ihres menschlichen Antlitzes beraubt ist?

Zweifellos könnte uns der Weg in die Einsamkeit mit elementaren Erfahrungen konfrontieren, gegen die sich der Homo sapiens als *animal sociale* in der *polis* zusammengerottet hat. Wir sind geschützter, stärker und furchtloser in der Gemeinschaft und in der Gesellschaft jener, die uns als Gleichgesinnte Rückendeckung geben. »When the snows fall and the white winds blow, the lone wolf dies, but the pack survives«, sagt Sansa Stark in der vorletzten Staffel von »Game of Thrones«.

Aber das ist nur die halbe Wahrheit. Denn das Rudel, das sich sicher fühlt, weil es vergessen hat, dass es aus Einzelnen besteht, neigt umso schneller dazu, über schutzlose Einzelne herzufallen. Wir sind in der Interaktion und im Schutz der Gemeinschaft zu Dingen fähig, zu denen wir als Einzelne nicht fähig wären – im Guten wie im Bösen. Als Zusammenrottung von Menschen erschaffen wir Ungeheures und werden selbst zu Ungeheuern, was nicht heisst, dass nicht auch besessene Einzelne zu Ungeheuern werden können. Meist jedoch, wenn wir auf uns selbst geworfen sind, erscheinen uns die anderen und das ungeheure Andere als Ungeheuer – Ungeheuer, die uns anfallen, wenn in der Einsamkeit die uralte Angst vor der Übermacht der Natur nach uns greift und uns auf einmal weder die Welt noch wir selbst geheuer sind. Sowohl die Einsamkeit als auch das Kollektiv gebären also Monster. Während es dem Christus des Markusevangeliums gelingt, den Satan der Wüsteneinsamkeit zu überwinden und die Dämonen Einzelner auszutreiben, vermag er gegen den Dämon des Kollektivs nicht die Oberhand zu gewinnen. Gegen den Mob und gegen die Massenhysterie hat der gottgleich Einzelne keine Chance. Der, welcher in der Einsamkeit der Wüste dem Versucher widersteht und in der Einsamkeit des Gartens Getsemani seine Verzweiflung besiegt, ist in der Metropole, deren religiöse und politische Institutionen sich gegen ihn zusammenrotten, einer entfesselten Öffentlichkeit erschütternd wehrlos ausgeliefert. So wehrlos, dass die Frage berechtigt ist, ob in diesem Einen wirklich der Gottessohn auf den Plan getreten sein kann.

Wahrscheinlich, so denke ich gelegentlich, würde die Menschheit nur von sich selbst kuriert werden können, wenn sie sich einer gigantischen Gruppentherapie unterziehen würde. Was natürlich eine absurde Vorstellung ist, weil der Homo sapiens nicht dazu neigt, sich dem göttlichen Therapeuten anzuvertrauen, der ihn zu heilen vermöchte. So gewiss es zum Wesen des Homo sapiens zu gehören scheint, immer wieder vermeintlich letztinstanzlichen Autoritäten nachzulaufen, so augenfällig ist es doch auch, dass viele dieser Autoritäten sich als Rattenfänger entpuppen, die die Menschen nicht zum Heil, sondern ins Unheil führen. So gesehen ist der Gang in die Einsamkeit der vorläufig vielleicht vielversprechendere Weg zum Heil.

Die Einsamkeit könnte der Ort sein, an dem wir in der Auseinandersetzung mit den Dämonen, die uns dort heimsuchen, Substanz für jene Lebensphasen gewinnen, in denen uns das Leben an die Substanz geht und andere unsere Schwäche ausnützen, indem sie uns versprechen, uns durch den Anschluss an eine kollektiv verfolgte Idee zu wahrer Kraft und Stärke zu verhelfen. Wer der Einsamkeit und ihren Dämonen standzuhalten vermag, wird womöglich am Ende nicht nur diesen Dämonen und sich selbst, sondern auch Gott begegnet sein und von Gott aus der Einsamkeit herausgeführt werden. Wer der Einsamkeit und ihren Dämonen standzuhalten vermag, wird vielleicht auch den Dämonen der Masse standhalten und fester, gefeiter und gewappneter sein als diejenigen, deren Ich nicht gegen sich selbst und gegen die Ungeheuer geprüft ist, die in der Menge in das Ich hineinschlüpfen und es in ein Wir verwandeln, das nicht nur zum Freund des Menschen, sondern auch zu einer menschenverachtenden Bestie werden kann.

Markus schickt Jesus in die Wüste. Und er schickt ihn auf einen Berg, um ihn in der Einsamkeit abseits der ihn bedrängenden und verfolgenden Menschen die Ruhe der Zwiesprache mit Gott finden zu lassen. Die Einsamkeit ist der Ort des Gebets. Sie ist nicht nur ein Ort der Leere und der Gottesferne, sondern der besonderen Nähe Gottes. Diese Nähe Gottes kann freilich zur fürchterlichen Konfrontation mit einem ganz Anderen werden, das uns zutiefst erschüttert und uns keineswegs nur liebend und tröstlich umfängt. Die Erzählung von Jakobs nächtlicher Begegnung am Fluss Jabbok in Genesis 32 zeugt davon, dass Gott selbst zum Dämon – zu unserem ureigenen Dämon – werden kann. Zum Dämon, mit dem wir ringen müssen, um zu uns selbst und zu Gott zu finden.

Auch das Gebet kann ein Ort eines solchen Ringens sein. Ein Ort, an dem Menschen der Dämonen Herr werden, die sie heimsuchen. Ein Ort, an dem Menschen Gott unter Schmerzen zur Welt, in das gepeinigte eigene Herz und in die gequälte, vielleicht sogar besessene eigene Seele kommen lassen. Ein Ort, an dem sich ein Selbstgespräch ereignet, das keines ist. Ein Ort der Initiation.

Aber Beten ist mehr als das Zur-Welt-Bringen und Zur-Welt-Zwingen Gottes und des eigenen Selbst. Beten ist auch eine Tätigkeit jenseits der Tätigkeit. Betende passen gewissermassen nicht mehr in die Welt – jedenfalls nicht mehr in eine von den Ideologien der Selbsttätigkeit und Selbstmächtigkeit beherrschte Welt. Sie werden weltfremd. Weltfremd und selbstfremd.

»Wer betet«, sagt Markus plötzlich, als hätte er an der Tür meines Inneren gelauscht, »tritt in ein anderes Zimmer des Weltraums ein. Wer betet, verlässt die Orte, an denen mit menschlicher Kraft alles getan werden kann. Wer betet, produziert nichts. Und wer betet, produziert vor allem nicht sich selbst. Wer betet, tut etwas gänzlich Verrücktes. Er verrückt sich in ein Kraftfeld, in dem die Kräfte der Welt ihre Allwirksamkeit und ihre Alleinwirksamkeit verlieren. Er ragt aus sich und der Welt heraus und wird buchstäblich zu einem ekstatischen und exzentrischen Wesen. Ob ein Mensch wirklich an Gott glaubt, erkennt man daran, ob er betet. Letztlich an nichts sonst. Man erkennt es nicht daran, ob er sich umtriebig für seine Mitmenschen verzehrt. Das tun auch die Heiden. Man erkennt es auch nicht daran, ob er voller theologischer Weisheit ist und gute Gründe nennen kann, die für Gott sprechen. Das tun auch die Philosophen. Man erkennt es auch nicht daran, ob einer fromm oder spirituell ist. Man kann ohne Gott fromm und spirituell sein und sich selbst finden oder sich selbst verlieren. Es ist keineswegs ausgemacht, ob jede spirituelle Erfahrung schon eine Gotteserfahrung ist, wenn ich auch glaube, dass Gott in spirituellen Erfahrungen der Leere und der Einsamkeit leichter zu finden ist als dort, wo die Welt von Fülle, von Betriebsamkeit und von sich selbst so überquillt, dass Gott unsichtbar, unhörbar und unspürbar wird. Ich musste also Jesus in die Einsamkeit bringen, damit er beten, mit anderen Worten: damit er bei Gott sein und auch uns in die Einsamkeit, in die Haltung des Gebets und zu Gott ziehen kann.«

Ich sehe ihn dort sitzen, den Heiligen Gottes. Dort in den Einöden, in die Markus ihn hineingesetzt hat. Ich sehe ihn sitzen. Allein. Versunken. Nicht nur in sich selbst, sondern in den Abgrund, der sich als Himmel über ihm und als Schoss des Vaters unter ihm öffnet.

Und zugleich sehe ich meine Zeit und meine Kirche vor mir. Und ich sage zu Markus: »Wir haben ihn hoffnungslos zurechtsozialisiert, deinen Jesus, und ihn zu einem Sozialarbeiter gemacht, dem man nur im sozialen Handeln und in der Gemeinschaft der sozial Handelnden begegnen kann, zu der wir die Gemeinschaft der Heiligen profanisiert haben. Zugleich haben wir ihn in eine Art Animateur für diejenigen verwandelt, die es in ihrer Einsamkeit und mit sich selbst nicht aushalten, sondern unterhalten werden wollen – so, wie jene, die in der leeren Wohnung ohne Smartphone und ohne eingeschalteten Fernseher von Panik überfallen werden. Wir haben ihm, den du, Markus, in die Einöden der Berge und Wüsten versetzt hast, das Schweigen und das Beten ausgetrieben. Und wir haben es auch uns selbst ausgetrieben. Während der Heilige deines Evangeliums betend und schweigend Kraft schöpft, redet, predigt, erklärt und appelliert seine Kirche ohne Unterlass. Und warum? Weil einer Kirche, die ohne Gott mit sich allein ist, am Ende doch so sehr vor ihrer eigenen Gottlosigkeit graut, dass sie Angst davor hat, in die gottverlassene Leere hinein und in das Schweigen Gottes hinaus zu hören. Und so flieht sie zu anderen und wird zur Kirche für andere, um ihren *horror vacui* zu therapieren, der letztlich ein *horror Dei* ist.«

Markus sagt nichts. Nach einer Weile sagt er dann aber doch etwas. Er sagt: »Ich kenne deine Welt nicht. Aber ich kenne meine Welt. Und ich weiss, dass in meiner

Welt vor allem jene viel reden und nach Taten rufen, die aufgehört haben zu beten. Wer dagegen betet, versteht sich nicht als jemand, der redet, auch wenn er vielleicht Worte macht. Er versteht sich nicht als jemand, der denkt, obwohl er sich womöglich Gedanken macht. Umgekehrt gilt: Ohne zu beten, kann man nicht den kleinsten theologischen Gedanken vernünftig denken – nicht den kleinsten. Ohne zu beten, kann man kein Christ sein und nicht theologisch existieren. Wer betet, geht keineswegs nur in sich und in die eigene Einsamkeit. Er geht in Gott. Und wenn er dort ist, dann ist Gott seinerseits so sehr um ihn und in ihm, dass er still werden und dem Herzschlag Gottes lauschen kann wie das Kind im Mutterleib. Wer betet, lässt das eigene Reden, Denken und Tun hinter sich und öffnet sich für die Anwesenheit des ganz Anderen und für die Sphäre Gottes. Wer betet, macht sich wehrlos gegen Gott. Wer betet, wird jenen gegenüber schutzlos, die nicht beten, sondern ihre innere Leere mit Aktivismus und Umtriebigkeit bekämpfen oder sich und anderen die Ohren verstopfen mit dem Lärm der Welt. Wer aber ohne Unterlass zugedröhnt wird von diesem Lärm, hört die Stille und das leise, weise Rauschen Gottes nicht mehr. Und wer unentwegt handelt, unternimmt alles, um nicht wehrlos zu sein und nicht beten und zur Besinnung kommen zu müssen. Die Reiche dieser Welt sind auf Wehrhaftigkeit, auf Selbstverteidigung, auf Selbstbehauptung und auf Aktion gegründet, nicht aber auf das Gebet. Und schon gar nicht auf das Schweigen und auf das Zuhören, geschweige denn auf das Hineinhorchen in die stumme Leere Gottes. Wenn ihr aus euch hinaushören würdet in die Einöden und wenn ihr in den Einöden – auch in der Einöde, die ihr selbst seid – nach Gott suchen würdet, würdet ihr spüren, dass ihr dort, wo ihr nur bei euch und beieinander seid, nicht dort seid, wo ihr herkommt und wo ihr hingehört. Ja, es ist wahr: Wer nur ruhelos die Welt umwälzt, statt zu beten, zu hören, sich zu verlieren und die Welt zu verschonen, wird nicht weise und gewinnt weder sich noch Gott noch das Leben, weil er nicht imstande ist, sich zu verlassen, von sich abzusehen, sein Werk aus den Händen zu legen und sich die leeren Hände von Gott füllen zu lassen.«

Ich sehe Menschen in schweigender Einsamkeit. Menschen, die dem Stimmengewirr der Zivilisation in die Berge, in die Wüste, auf das offene Meer und ins ewige Eis entfliehen. Suchen sie dort den, den Markus Jesus suchen lässt: den himmlischen Vater? Oder suchen sie nur eine andere Erfahrung der Erde, des Himmels und ihrer selbst? Die Erfahrung einer Erde vielleicht, die nicht nur Asphalt- und Kulturlandschaft ist. Die Erfahrung eines Himmels, dessen Sternendunkelheit nicht vom künstlichen Licht unserer elektrifizierten Epoche erhellt und verstellt wird. Die Erfahrung eines Selbst, das sich den Selbstfunktionalisierungen, Instrumentalisierungen und Fremdbestimmungen entwindet und in die Freiheit des Seins entkommt.

Ich sehe Menschen, deren Abhängigkeit von der technologischen Vernetzung ebenso gross ist wie ihre Sehnsucht, sich aus diesen Netzen in die Ursprünglichkeit der Natur hinein loszureissen – vielleicht, um sich als Wesen wiederzuentdecken, die einem uralten Kosmos entsprungen sind, an den nichts stärker und nichts intensiver erinnert als ein nächtlicher Sternenhimmel in einer menschen- und technologiefernen archaischen Landschaft. Und ich sehe den Menschensohn, wie er in der Einsamkeit der Berge und der Wüste vor den Toren der Städte unter dem Himmel kauert, um sich zu bergen im Schoss des Ursprungs, aus dem er zur Welt gekommen ist, ohne in dieser Welt eine bleibende Stätte und einen Ort zu haben, an dem er sein Haupt niederlegen könnte. Ich sehe den Menschensohn, wie er mit seinen Jüngern auf das galiläische Meer hinausfährt und wie ihn angesichts der allgegenwärtigen Aufmerksamkeit für seine Person eine grosse Erschöpfung übermannt. Ich sehe, wie er im sicheren Gefühl, in der Welt seines Vaters nicht untergehen zu können, inmitten des aufkommenden Sturms, der allen ausser ihm selbst Todesangst macht, in den Schlaf sinkt, ehe er wieder aufgescheucht wird, um dem Wind und dem Meer zu gebieten. Und ich sehe, wie sich eine grosse, aus der Tiefe und aus der Höhe aller Dinge herabsteigende Ruhe über die Gesichtszüge dessen legt, an dem alle zerren, auf dass er sich ihrer ohne Unterlass erbarme.

Ich weiss, dass es unmöglich ist, aus der Ferne meiner Gegenwart verstohlen zu ihm in die Vergangenheit zu treten und sein Gesicht zu studieren – so, wie es unmöglich ist, den menschlichen Charakter Jesu zu ergründen oder den Evangelisten des ersten Evangeliums in ein Gespräch zu verwickeln. Aber ich würde gerne wissen, wie einer aussieht, der sich mit dem Grund des Seins eins weiss und Gottes Himmel und sein Reich über sich, unter sich und in sich fühlt. Ich würde mich gerne diesem auf die Erde gefallenen Himmelskörper annähern, dessen Schwerkraft so stark ist, dass sie ein Loch in die Wirklichkeit reisst und nicht nur das weisse Band der Milchstrasse, das Rückgrat der Nacht, sondern einen ganz anderen Himmel, das Rückgrat des Seins, sichtbar werden lässt.

Ich würde gerne wissen, wie das intensive Leben aussieht, das nicht nur das ewiggleiche Dasein vertieft und intensiviert, sondern das ganz andere, göttliche Leben zum Vorschein bringt – das Leben, in das die Transzendenz eingekehrt ist.

Der französische Philosoph Tristan Garcia hat die Intensität des Lebens als die Transzendenz eines säkularen Zeitalters und das intensiv erfahrene Diesseits als das neue Jenseits bezeichnet. Ein intensives Leben ist Garcia zufolge ein Leben, in dem sich möglichst viele möglichst starke Erlebnisse möglichst dicht aneinanderreihen. Und ein intensiv lebender Mensch ist ein Mensch, dessen Lebenssinn in der Intensivierung aller Vitalfunktionen besteht. Die moderne Gesellschaft, so Garcia, verspricht dem Einzelnen nicht mehr ein anderes Leben oder ein seliges Jenseits. Sie verstärkt lediglich das, was wir schon sind. Der Preis dieser Verstärkung und Ausschöpfung des Lebens ist allerdings seine Erschöpfung. Intensität und Implosion sind Geschwister. Sterne, die eines Tages explodieren und als Supernovae den Himmel überstrahlen, enden als Schwarze Löcher.

Folgt man Garcia, dann kann das Göttliche, wenn überhaupt, nur dort sichtbar werden, wo Menschen intensiv das sind, was sie sind, und wo sie so viel und so intensiv erleben, wie sie können. Das intensive Leben ist in einer Welt nach Gott, der ehedem Garant des eigentlich intensiven, wahren Lebens war, zum funktionalen Äquivalent Gottes geworden – wenn es dieses Äquivalent überhaupt noch braucht.

Obwohl Tristan Garcias Analyse bestechend ist, träume ich aller Säkularisierung zum Trotz den Traum eines anderen intensiven Lebens. Ich träume den Traum eines Lebens, in dem Intensität und Transzendenz sich glücklich, horizont- und bewusstseinserweiternd verbinden. Ich träume den Traum eines Lebens, das mitten in der Welt jenseitig ist, weil es so tief ins Dasein vorstösst, dass es das Dasein hinter sich lässt und an seinen göttlichen Grund rührt. Und ich träume den Traum der Präsenz eines Menschen, die so intensiv ist, dass die Menschen angesichts dieser Präsenz nicht anders können als zu glauben, dass dieser intensive Mensch der Christus und kein anderer als Gottes Sohn, also Gott selbst ist. Ja, es wäre Erlösung für eine verunsicherte Menschheit, von diesem Menschen angerührt, verwandelt und nicht hinters Licht geführt, sondern ins rechte, rettende Licht gerückt zu werden. Und wer weiss: Vielleicht verbirgt sich in der Sehnsucht nach dem starken, sinnlichen, intensiven, ekstatischen und rauschhaften Leben inmitten aller Profanität die Sehnsucht nach dem spirituellen Leben dieses Einen, der dort Gott fand, wo viele von uns immer nur Welt und immer noch mehr Welt und immer nur sich selbst und immer noch mehr von sich selbst finden.

Der katholische Theologe Karl Rahner prophezeite dem Christentum eine düstere Zukunft, falls es in dieser Zukunft kein mystisches Christentum sein werde. Und in der Tat können sich in mystischen Erfahrungen Intensität und Transzendenz so verknüpfen, dass sich das Selbst am Ort tiefster Selbstversenkung los wird und in Gott aufgeht. Mystiker und Mystikerinnen aller Zeiten waren und sind davon überzeugt, dass uns gerade die Erfahrung mystischer Intensität in uns hinein, über uns hinaus und ins Herz Gottes führt. In mystischen Erfahrungen, so sagen sie, kann die Erfahrung des intensiven Lebens zur Erfahrung der Intensität Gottes werden. Diese Intensität

Gottes wird dann spürbar, wenn das Ich so mit sich allein ist, dass es sich endlich verlassen und mit einem ganz anderen Geist eins werden kann. Buddhisten nennen diesen Zustand »Nirvana«. Wer in dieses Nirvana eingetreten ist oder von ihm angerührt wird und in ihm erwacht, entrinnt den Tretmühlen der ewigen Wiederkehr – auch den Tretmühlen der ewigen Wiederkehr des noch so intensiven Lebens.

Ob dieser Zustand, der ja nur erreicht werden kann, wenn man ihn nicht erreichen will, jemals gegenwärtige Wirklichkeit werden kann? Dem Buddhismus zufolge erwachte Siddharta Gautama im Alter von fünfunddreissig Jahren in einer Vollmondnacht unter einer Pappelfeige in diesen Zustand. Bewohnerinnen und Bewohner des ehedem christlichen Abendlands, für die der Buddhismus das Nonplusultra religiöser Erfahrung darstellt, liebäugeln immer wieder mit dem Gedanken, auch Jesus könnte ein Buddha gewesen sein. Gelegentlich wird sogar die These vertreten, dass er die Kreuzigung durch buddhistische Meditation überlebte und nach seiner Befreiung aus dem Grab wieder dorthin zurückkehrte, woher er ursprünglich stammte: nach Tibet.

Ich erspare dem Evangelisten Markus die Frage, ob der Mann, den er im ersten Kapitel seines Evangeliums aus dem Nichts auftauchen lässt, in Wahrheit von anderswoher, etwa aus dem fernen Osten kam. Zu weit hergeholt scheint mir diese Herkunft von weither. Nichts spricht dafür, dass die Familie des Zimmermanns aus Nazaret ihn nur bei sich aufnahm und ihm vielleicht deshalb fremd blieb – so, wie er ja auch ihr fremd blieb. Und doch wäre es verführerisch, den Fremden vom Himmel zu einem Fremden aus der Ferne zu machen und die

Fremdheit Jesu in der palästinischen und römischen Welt damit zu begründen, dass er nicht aus dieser, sondern aus einer östlicheren Welt stammte. Auch wenn ich davon überzeugt bin, dass der Versuch, Jesus zu einer Art Buddha zu machen, jeglicher religionsgeschichtlichen und historischen Grundlage entbehrt, ist die Sehnsucht nach einem quasibuddhistischen Jesus ja aufschlussreich. Sie zeigt nämlich, was vielen Menschen in einer zweckrationalen, aufgeklärten und abgeklärten Welt fehlt und was sie am Christentum, das selbst zu einem Teil dieser Welt geworden ist, vermissen. Der Buddhismus, der fremd, exotisch und daher für viele attraktiver ist als das sattsam vertraute Christentum, hat diesem säkularisierten und entzauberten Christentum offenkundig eine meditative Lebensgrundhaltung voraus, die kaum mehr ein Mensch in einem volkskirchlichen Gottesdienst einnimmt. Der Buddhismus steht – zumindest in der verklärten Wahrnehmung der westlichen Welt – für religiöse Erfahrungsmöglichkeiten, nach denen viele Menschen sich sehnen, ohne die Hoffnung zu hegen, sie in einer christlichen Kirche verwirklichen zu können. Die einzigen christlichen Orte und Gelegenheiten, an denen die buddhistisch-mystische Sehnsucht von Christenmenschen erwartbar befriedigt wird, sind Klöster, Kathedralen, entlegene Kapellen und Heiligabendgottesdienste.

Manchmal spiele ich mit dem Gedanken, die allzu vertrauten Züge Jesu so zu verfremden, dass Jesus für eine Welt, die sich nach einer ganz anderen Spiritualität sehnt, aufs Neue interessant wird. Ich spiele mit dem Gedanken, den allzu bekannten und gewohnten Jesus in eine ganz andere, fremde Welt zu verrücken und ein Fest des Nichtwiedererkennens mit seiner geheimnisvollen

Intensität zu feiern. Diese Intensität wäre nicht einfach eine buddhistische Intensität. Ich würde nicht einfach einen Buddha aus Jesus machen und ihn natürlich auch nicht Zarathustra nennen, wenn ich ihn aus dem zentralasiatischen Gebirge heraus in Erscheinung treten lassen würde. Aber ich würde ihn doch mit der geheimnisvollen Aura einer fremden Ferne umgeben, für die das aufgeklärte Christentum keinen Begriff mehr hat.

Und so schliesse ich die Augen, um mein Gedankenspiel weiter zu treiben. Ich sehe mich in einem Vortragssaal stehen. Es könnte der Vortragssaal einer evangelischen Akademie oder einer Volkshochschule sein, in die ich eingeladen worden bin, um einen Vortrag mit dem so vagen wie dankbaren Titel »Religion und Religionskritik« zu halten. Der Saal ist gut gefüllt, und das Publikum meines Gedankenexperiments ist religiös interessiert, kirchenfern und, wie es sich für das gebildete Bürgertum einer Universitätsstadt der aufgeklärten Moderne gehört, christentumskritisch und ethisch engagiert. Zu Beginn meines Vortrags erzähle ich von einer aufsehenerregenden, leider in der Öffentlichkeit bisher viel zu wenig bekannten archäologischen Entdeckung in der Nähe einer Oasenstadt in der zentralasiatischen Taklamakan-Wüste, an der die Routen der antiken Seidenstrasse vorbeiführen. Man habe, sage ich in meinen Gedanken, dort die Überreste eines uralten religiösen Kultes gefunden, der sich ziemlich gut rekonstruieren lasse, weil in den Ruinen eines offenkundig zu Meditationszwecken errichteten Rundgebäudes dieses Kultes einige Amphoren mit nahezu unversehrten Schriftrollen die Jahrtausende im trockenen Wüstenklima schadlos überstanden hätten. Die Lektüre der Schriftrollen habe nach ihrer mühsamen Entzifferung Spektakuläres zu Tage gefördert, nämlich eine uralte, geheimnisvolle Religion, die sich ganz offenkundig der Seidenstrasse entlang nach Westen verbreitet und die grossen monotheistischen Religionen inspiriert und befruchtet habe. Der Gründer dieser Religion, so phantasiere ich, muss den heiligen Schriften der Anhänger dieser Religion zufolge eine ungeheuer charismatische, schamanische Persönlichkeit gewesen sein. Aufgrund seiner Weisheit hatte er, dessen Name nicht genannt wird, um sein Geheimnis und seinen Zauber nicht zu zerstören, offenbar die Kraft, Erfahrungsgrenzen zu transzendieren und Menschen mit der Urenergie des Daseins in Berührung zu bringen. »Seinem Einfluss«, so höre ich mich sagen, »ist es zu verdanken, dass im antiken Königreich Khotan an der Seidenstrasse eine blühende religiöse Gemeinschaft im Zeichen eines geheimnisvollen Symbols entstand. Die Mitglieder dieser Gemeinschaft beherrschen die Kunst der meditativen Versenkung ins Dasein augenscheinlich virtuos. Wenn man den Schriften dieser religiösen Gemeinschaft trauen darf, dann gelang es dem Mann, der eines Tages aus dem Nichts der Wüste heraus unter das Volk trat, den Menschen eine Wirklichkeitserfahrung zu eröffnen, von der wir Heutigen selbst im Drogenrausch und auf den Höhen der sexuellen Lust und in den Ekstasen anderer körperlicher Verausgabungen nur träumen können. Offenkundig erschloss der Ungenannte seinem Volk eine Dimension des Seins, die alle Unbilden, Sorgen und Notwendigkeiten des Alltags lächerlich unbedeutend und überwunden erscheinen liess. Es ist kein Ort der antiken Welt bekannt, an dem Ethos, Kultus, Lebensbejahung, Sinnlichkeit und Mystik sich derart lebenssteigernd ineinanderfügten –

und zwar etwa zwei Generationen lang. Leider«, so sehe ich mich bedeutsam und ernst über meine Brille blickend feststellen, »gehört es zu den grossen Rätseln dieser Religion, dass nicht in Erfahrung zu bringen ist, wie und wo das Leben ihres unbekannten Stifters endete und warum auch diese Religion selbst irgendwann keine Zukunft mehr hatte. Die Schriften schweigen darüber. Vor allem aber brechen sie an einer Stelle mitten im Satz ab. Da die Ruinen der Klöster von gewalttätigen Auseinandersetzungen zeugen, wird man annehmen müssen, dass die Blüte eines ganz anderen Menschseins brutal niedergetreten wurde. Mehr werden Wüstenwind und Wüstensand vermutlich niemals preisgeben.«

Welch eindrucksvolles Ende, denke ich, als ich mir in Gedanken zuhöre. Meine imaginären Zuhörer und Zuhörerinnen sind denn auch mucksmäuschenstill. Ich stelle mir vor, dass manche tatsächlich mit offenem Mund dasitzen und nach und nach Hände gehoben werden. Ob die heiligen Schriften dieser Religion schon veröffentlicht seien, höre ich einen gebildeten älteren Mann fragen. Ob man dorthin reisen könne, will eine Frau wissen, die mir meine Einbildungskraft als leidenschaftliche Studienreisende vor Augen stellt und die daher auch sogleich von ihrem Tibet-Trekking und den wunderbaren Menschen in dieser Region erzählt. Könnten sie nicht ferne Nachfahren des unbekannten Religionsstifters sein – sofern dieser überhaupt Nachfahren gezeugt habe? Ob ich mich mit der erwähnten Meditationstechnik selbst beschäftigt habe und sagen könne, welcher Art diese besondere Transzendenzerfahrung gewesen sei, fragt in meiner Phantasie ein Dritter, der mit leuchtenden Augen hinzufügt: »Vielleicht lässt sich diese grossartige Religion ja wiederbeleben. Das täte unserer Zeit gut!« Ein anderer, so stelle ich mir vor, möchte wissen, ob es Bücher über diesen spektakulären Kult und seinen unbekannten Stifter gebe. »Ja«, sage ich. »Bald. Ich bin im Begriff, ein solches Buch zu schreiben.« Wie das geheimnisvolle Symbol ausgesehen habe. »Es ist ein Kreuz gewesen«, sage ich. »Ein schlichtes Kreuz.« Durch den Saal vor meinem inneren Auge geht ein Raunen. »Wie? Ein Kreuz?« – »Ja«, sage ich. »Ein Kreuz. Ich habe Ihnen von Jesus von Nazaret, von seiner Verkündigung, von seinem Wirken und von der urchristlichen Gemeinde erzählt. Ich habe mir lediglich erlaubt, das Ganze etwas zu verfremden und in eine andere Zeit und an einen anderen Ort zu versetzen. Ich habe nur ein paar Rahmenbedingungen verändert.«

Vor meinem inneren Auge machen sich Unmut, Ärger, Enttäuschung und Empörung breit. Wie schade, sagt eine Dame, dass ich nur von Jesus gesprochen und dass es den geheimnisvollen Unbekannten gar nicht gegeben habe. Ihr sei, als wäre sie aus einem sehr schönen Traum erwacht und nun auf dem harten Boden der Realität gelandet. »Aber es gibt ihn doch, diesen Unbekannten«, entgegne ich in Gedanken. »Lesen Sie die Bibel. Besuchen Sie einen christlichen Gottesdienst. Dort können Sie ihm begegnen.« Das sei ja wohl ein schlechter Witz. Ob ich sie für dumm verkaufen wolle. Einen anderen sehe ich mit erhobenem Zeigefinger allen Ernstes mahnen: »Mit religiösen Gefühlen spielt man nicht! Erst haben Sie eine grosse Erwartung geweckt, und dann stellt sich heraus, dass alles nur eine Fiktion und eine Erfindung war.« Ich erwidere: »Aber es war doch gar keine Erfindung. Nur eine Verfremdung. Es ging mir um nichts anderes als um die Wiederentdeckung der wirklichkeitsverwandelnden Kraft und Intensität des Mannes aus Nazaret.« Der Gesprächspartner in meinem Kopf schüttelt den Kopf. Jesus sei langweilig, sagt er. Er habe sich lange genug mit ihm beschäftigt, um zu wissen, dass nichts von dem, was ich über den Fremden aus der Wüste gesagt habe, auf Jesus zutrifft. »Sehen Sie sich den christlichen Glauben und die christliche Kirche doch an! Das grösste Wunder des Christentums ist, dass es immer noch existiert.«

Der Abend meines Gedankenexperiments endet in allgemeiner Aufwühlung. Ich öffne die Augen. Ich habe nicht den Eindruck, als sei eine allzu lebhafte Phantasie mit mir durchgegangen. Genau so würde es sich abspielen, wenn es eines Tages wirklich zu diesem Vortrag käme. Davon bin ich überzeugt. Es gibt in unserer nachchristlichen, säkularer werdenden Gegenwart nicht nur eine Sehnsucht nach Prophetinnen und Propheten der Immanenzsanierung, sondern auch ein grosses Bedürfnis nach spiritueller Intensität, nach Wiederverzauberung der Welt und nach Persönlichkeiten, die die Dimension der Transzendenz glaubwürdig verkörpern. Weniger leicht bin ich allerdings davon zu überzeugen, dass dieses Bedürfnis auf christlichem Weg und in christlichem Gewand erfüllt werden kann. Und ich frage mich, ob mir mein imaginärer Gesprächspartner Markus, in dessen Zeit das Christentum weit weniger verbraucht und erschöpft war als zu meiner Zeit, diese Frage beantworten könnte. Die Frage, ob das Christentum Zukunft hat. Vielleicht werde ich sie ihm stellen. Ganz am Ende. Ehe er meiner Zeit und mir wieder den Rücken kehrt.

5

Als er in Betanien im Haus Simons des Aussätzigen war und bei Tisch sass, kam eine Frau mit einem Alabastergefäss voll echten, kostbaren Nardenöls; sie zerbrach das Gefäss und goss es ihm über das Haupt. Da wurden einige unwillig und sagten zueinander: Wozu geschah diese Verschwendung des Öls? Dieses Öl hätte man für mehr als dreihundert Denar verkaufen und den Erlös den Armen geben können. Und sie fuhren sie an. Jesus aber sprach: Lasst sie! Was bringt ihr sie in Verlegenheit? Sie hat eine schöne Tat an mir vollbracht. Arme habt ihr ja allezeit bei euch und könnt ihnen Gutes tun, sooft ihr wollt; mich aber habt ihr nicht allezeit. Was sie vermochte, hat sie getan. Sie hat meinen Leib im Voraus zum Begräbnis gesalbt. Amen, ich sage euch: Wo immer in der ganzen Welt das Evangelium verkündigt wird, da wird auch erzählt werden, was sie getan hat, zu ihrem Gedächtnis.

Markus 14,3–9

Erlösende Schönheit

Der Widerstand des Gesalbten gegen das Hässliche

In den Evangelien des Neuen Testaments ist viel von Gut und Böse die Rede. Leicht gerät dabei aus dem Blick, dass Jesus Christus nicht nur die Vergegenwärtigung des gottgewollten Guten, sondern auch der Inbegriff des göttlich Schönen ist. Ich weiss, dass dies ein wenig befremdlich klingt – nicht zuletzt deshalb, weil wir es gewohnt sind, die Bibel so zu lesen, als fehle ihr der Sinn für das Schöne, als habe sie nur Augen für das Gute und als würde darin in zahllosen Variationen nur eine einzige Frage gestellt – die Frage nämlich, ob das Leben des Menschen dem Willen Gottes entspricht oder nicht. Aber vielleicht zieht sich durch die Bibel, insbesondere durch die Evangelien, auch noch ein anderer roter Faden – der rote Faden der Frage, ob wir Menschen die Schönheit der Schöpfung Gottes widerspiegeln oder ob wir die Schöpfung so sehr entstellen, dass sie zu einem hässlichen, geschundenen Ort wird.

Vielleicht liegt eines der Hauptprobleme des Erscheinungsbildes des christlichen Glaubens und insbesondere der evangelischen Kirchen der Gegenwart darin, die

Frage nach dem Guten von der Frage nach dem Schönen abzulösen und die Wirklichkeit des Heils nur noch mit dem Guten, aber nicht mehr mit dem Schönen in Verbindung zu bringen. Ich allerdings glaube, dass das Gute nur gut ist, wenn es auch schön ist. Und ich wage sogar die These, dass das Schöne nur schön ist, wenn es auch gut ist. Umgekehrt könnte es sein, dass das Böse nicht zuletzt deshalb böse ist, weil es durch sein Dasein der Schöpfung spottet, die Gottes ästhetischem Urteil in Genesis 1 zufolge sehr schön und sehr gut ist.

Der Menschensohn des Evangeliums ist ein Heiland der verlorenen und gefährdeten Schönheit und Güte dieser Schöpfung. Er rettet die Welt vor ihrer Niederlage gegen das Hässliche. Vielleicht könnte man sogar so weit gehen, den ästhetischen Widerstand gegen Zerstörung und Selbstzerstörung als das eigentliche Erlösungswerk Jesu und seines Evangelisten Markus zu erachten. Und vielleicht besteht die wirkliche Sünde in nichts anderem als in der Hässlichkeit des Menschen, der sich und seinem Planeten so lange die Schöpfungsschönheit raubt, bis alles, was ist, nicht mehr im Glanz des siebten Schöpfungstages, sondern im hässlichen Licht des Unheils erstrahlt.

Es gibt einen moralischen und einen ästhetischen Ekel. Und mancher moralische Ekel ist auch ein ästhetischer Ekel – und umgekehrt. Denn eigentlich kann man ja doch ein Geschöpf nicht schön finden, das einen derart unschönen Drang zur Zerstörung seiner Würde, der Würde seiner Mitgeschöpfe und der Würde der Erde hat, aber sich zugleich inständig danach sehnt, dass es geliebt wird und dass jemand seine Schönheit sieht. Wir sind Wesen, die in unserer eigentümlichen Schönheit wahrgenommen werden wollen. Und trotzdem seufzt, wimmert und ächzt die Schöpfung unter den offenen Wunden der Hässlichkeit, die ihr das Wesen zufügt, das schön sein will. Wir träumen von Orten ursprünglicher Schönheit, weil uns diese Schönheit vielleicht die Ruhe und den Frieden geben könnte, die wir im entzauberten Alltag unseres Lebens nicht mehr finden. Zugleich ruinieren wir fortwährend und unerbittlich das Schöne, in das hinein wir zu entfliehen suchen. Wir schreien nach Liebe. Und sind doch so wenig liebenswert.

»Es ist eine beachtliche Leistung, Markus«, sage ich, »dass du deinen Jesus diese unschöne und widersinnige Menschheit derart lieben lässt! Es ist eine beachtliche Leistung, dass du ihn durch alle Hässlichkeit hindurch ihre Schönheit sehen und retten lässt, ohne uns einen desillusionierten, unbarmherzigen oder naiven Gottessohn vor Augen zu führen. Denn wer um der Schönheit der Schöpfung und um des Reiches Gottes willen an der Hässlichkeit der Welt leidet, muss eigentlich entweder zornig oder zynisch werden. Und wer aller unschönen Realität zum Trotz an der Illusion der Schönheit festhält, muss eigentlich naiv oder ein Schönfärber sein. Dein Jesus aber«, sage ich zu Markus, »sieht die Schönheit und die Hässlichkeit zugleich. Er sieht den verborgenen Glanz der Kinder Gottes, die in den Schmutz der Gosse gefallen sind. Und er treibt den nicht mehr schönen Kindern Gottes die Dämonen der Hässlichkeit aus. Vielleicht ist es gerade diese Austreibung des Hässlichen, die dein Evangelium zum Evangelium macht. Und vielleicht liegt die Magie dieses Evangeliums in der ästhetischen Wiederverzauberung einer durch Hässlichkeit besudelten und befleckten Welt. Vielleicht ist dein Evangelium ein einziges grosses Kompliment, das der Menschensohn jedem einzelnen Menschen macht, der sich danach sehnt, von ihm mit Worten berührt zu werden, die sagen: ›Wie schön du bist! Wie schön und wie gut! Zeige dich! Geh aufrecht! Tu dich auf! Erblühe! Dir sind deine Sünden vergeben!‹ Ich bin mir sicher, dass die Welt nur durch dieses Kompliment, nicht aber durch defizitäre Wahrnehmung erlöst wird. Und ich bin mir auch sicher, dass durch dieses Kompliment der zutiefst menschliche Wunsch nach Aufmerksamkeit und Anerkennung seine Erfüllung findet. Alles andere, so glaube ich, fruchtet nicht und lässt die Saat Gottes, die wir sind, nicht aufgehen. – Und trotzdem«, sage ich zu Markus, »machst du keinen Hehl daraus, dass dein Menschensohn immer wieder daran scheitert, keinen anderen Blick auf den Menschen ruhen zu lassen als denjenigen seines schöpferischen Vaters, der die Schönheit des Geschaffenen sieht und über dessen Sein sagt: ›Siehe, es ist sehr gut und sehr schön.‹ Denn du enthältst uns auch die grösste und tödlichste Versuchung Jesu nicht vor. Du lässt uns seine Ungeduld mit der unfähigen und hässlichen Menschheit spüren. Du konfrontierst uns mit seinem heiligen Zorn. Und du lässt ihn am Ende sogar von diesem lodernden Zorn hingerissen werden – von einem Zorn, der der Menschheit ihre Verworfenheit ins Gesicht schreit und sich nicht darüber beruhigen kann, dass sie so unschöne Züge angenommen hat.«

Aber was, so höre ich die Bewohnerinnen und Bewohner meiner moralisch empörungsbereiten Gegenwart fragen, nützt dem Menschen die Schönheit, die doch nur Oberfläche ist? Nützt nicht am Ende nur der Sinn für das Gute und für dessen beharrliche Verwirklichung? Was soll der Sinn für das Schöne, wenn doch Gewalt, Weltzerstörung und Tod alles Lebendige so sehr zur Unkenntlichkeit entstellen, dass es keine Gestalt, keine Pracht und keine Schönheit mehr hat? Was vermag die Schönheit gegen Tod und Vernichtung?

Ich sehe den auf so hässliche Weise sterbenden Jesus vor mir. Und ich sehe durch alle Hässlichkeit seiner Ermordung hindurch zugleich, welch eigentümliche Schönheit sich gerade in diesem Tod entfaltet und offenbart. Eigentlich ist der Mann am Kreuz, der der Hässlichkeit der Menschen zum Opfer fällt, der schlechthin schöne Mensch – und zwar deshalb, weil er der Mensch ist, an dem Gott Wohlgefallen hat und über den er sagt, was die Verfasser des ersten Kapitels der Genesis ihn über seine gesamte Schöpfung sagen lassen: dass er sehr gut und sehr schön ist. Der menschlichen Schönheit und Güte des Gekreuzigten können die Hässlichkeit seiner Mörder und die Hässlichkeit des Foltertods nichts anhaben.

Ich sage zu Markus: »Du hast dafür gesorgt, dass der Tod über die Schönheit des Menschensohns keine Macht hat. Denn du hast, als du die Erzählung von der Salbung Jesu in Betanien durch eine unbekannte Frau in dein Evangelium aufgenommen hast, Jesus mit einer Schönheit gesalbt, die stärker ist als der Tod. Und weil der Tod gegen diese Schönheit Jesu machtlos ist, ist das Schönmachen Jesu für den Tod lebensrettend und keineswegs so sinnlos und nutzlos, wie das ethische und ökonomische Kalkül seiner Freunde uns glauben machen will. Ihr Glaube ist auf der Überzeugung erbaut, dass die Passion für das Leben allein von der Einsicht in die Notwendigkeit des Guten entfacht wird. Der Glaube der Frau, die ihn salbt, ruht dagegen auf einem tieferen und tragfähigeren Fundament. Sie weiss, dass der Gesalbte eine Macht hat, der die Mächte der Welt auch dann nichts anhaben können, wenn sie ihn, den freien und schönen Menschen, töten.«

Ich muss an eine zutiefst berührende Geschichte denken, die ich vor einigen Jahren gehört habe. Eine Geschichte von Schönheit als Personenschutz. Eine Geschichte von Frauen im Jugoslawienkrieg. Frauen, deren Heimatstadt Sarajewo umzingelt war von feindlichen Belagerern. Frauen, die sich in einer aussichtslosen Situation, in der es weiss Gott Wichtigeres als kosmetische Äusserlichkeiten zu geben schien, schminkten und schön machten. Frauen, die mit ihrem Stolz, ihrem Stil, ihrer Schönheit und ihrem Selbstbewusstsein, das ihnen kein Krieg und kein Kriegsverbrecher der Welt nehmen konnte, ins Visier der Heckenschützen traten. Eine von ihnen sagte: »Ich will schön sein, wenn ich sterbe. Die Sniper sollen mich in strahlender Schönheit ins Visier nehmen, nicht als schmutzige Kreatur.« Welch eine Haltung! Diese Frauen leisteten ästhetischen Widerstand gegen Zerstörung und Selbstzerstörung. Und obwohl sie schwächer waren als der Tod, vermochte der Tod ihren Widerstand nicht zu brechen. Obwohl sie ihren Mördern unterlegen waren, beschämten und erniedrigten sie diese Mörder durch ihren Stolz, durch ihre Todesverachtung, durch ihre Würde und durch ihre Schönheit. Welch eine Passion! Welch ein gewaltloser Widerstand gegen die Gewalttätigen! Welch ungeheure ästhetische Rettung der Würde des Menschen gegen seine Entwürdigung!

Vielleicht ist die Salbung in Betanien, mit der die Passionsgeschichte Jesu beginnt, aus dem Holz dieser Passion geschnitzt – aus dem Holz einer Passion, die sich am Leiden an der Hässlichkeit entzündet und nicht wahrhaben will, dass die Schönheit der Menschen und ihrer Welt verloren sein soll und dass der Mann aus Nazaret nichts als den jämmerlichen, hässlichen Tod einer beschmutzten, mit Füssen getretenen Kreatur stirbt. Aus dem Holz einer Passion, die dem Tod mit der Macht innerer und äusserer Schönheit trotzt und leidenschaftlich dafür eintritt, dass kein Tod der Welt – und sei er noch so schmutzig, hässlich und entwürdigend – ein schmutziger, sinnloser und würdeloser Tod ist.

»Ich bin froh«, sage ich zu Markus, »dass am Anfang der Passionsgeschichte, die dir von irgendwoher in die Hände gefallen ist, die Geschichte der Salbung in Betanien erzählt wird. Die Geschichte der Salbung durch die Frau, die Jesus gewissermassen herausputzt für diejenigen, die ihm Gewalt antun, und die sich kein besseres Werk denken kann als das Nutzloseste: die Vergeudung des Kostbarsten für den Kostbarsten, der ein *homo sacer*, ein dem Tod Anheimgegebener ist, aber letztendlich nicht dem Tod, sondern dem ewigen Leben gehört. Die Schönheit des sterbenden, von der Frau in Betanien für seinen Tod schön gemachten Christus ist deshalb eine besonders intensive Schönheit, weil sie dem Eros für das Gute und für das Schöne entspringt und gewissermassen ein Kind der Liebe zwischen Ästhetik und Ethik ist. Und der gesalbte Gekreuzigte ist deshalb stärker als der Tod, weil das Bild der ethischen und ästhetischen Schönheit des gekreuzigten Gesalbten stärker ist als die Bilder der Abschreckung, die die Römer zu erzeugen suchten, als sie die Todesstrafe der Kreuzigung derart oft und derart öffentlich sichtbar vollzogen. Ja, das Bild des Gekreuzigten ist ein Bild überwältigender Brutalität. Es ist das Bild eines Menschen, an dem sich die Gewalt austobt. Und es gleicht den Bildern der Brutalität, die sich tagtäglich aus den visuellen Medien meiner Zeit heraus in die Netzhaut der Menschheit brennen. Aber es ist unauslöschlicher und stärker als diese Bilder, weil im Bild des geschundenen und zugerichteten Mannes am Kreuz inmitten aller Gewalt auch das Gegenteil der Gewalt, nämlich die Schönheit dessen aufscheint, der der Gewalt zum Opfer fällt. Du hast dafür gesorgt, Markus«, sage ich, »dass wir nicht in Versuchung geraten können, der Hässlichkeit des Todes Jesu das letzte Wort und das letzte Bild zu gönnen. Du hast dafür gesorgt, dass die glänzende Kostbarkeit des Gesalbten, der natürlich kein anderer als der Messias ist, den glanzlosen Tod in den Schatten stellt. Den Tod, der alle Kostbarkeit des Lebens zunichte macht. Oder anders gesagt: Du hast alles Menschenmögliche getan, um schreibend ein Monument gottmenschlicher Schönheit gegen die Hässlichkeit der Gewalt und des Todes zu errichten. Du hast deinen Christus schön gemacht. Und diese Schönheit ist Personenschutz. Für ihn und für uns. Ich bin also froh über die Salbende und über den Gesalbten in Betanien. Und nicht minder froh bin ich, dass du – oder wer auch immer – ihn sagen lässt, dass diese Frau eine schöne Tat an ihm getan hat, dass diese schöne Tat die eigentlich gute Tat ist und dass das weiterhin gesagt werden muss. Immer wieder. Ohne Unterlass. Weil die Welt nur durch diese von allem Kalkül freie, leidenschaftliche und zärtliche Passion für die Schönheit des entstellten und zugerichteten Lebens geheilt werden kann. Die Rettung der Schönheit der Aussätzigen, der Ausgestossenen, der Missbrauchten und der an ihrem Selbstmissbrauch Zugrundegehenden ist die eigentliche Mission der Christenheit und das Zurechtrichten der auf die schiefe Bahn

Geratenen das eigentliche Jüngste Gericht Christi. Um dies zu erkennen, braucht es allerdings einen Sinn für das Sinnliche und für die Schönheit, der jedenfalls in der protestantischen Christenheit meiner Zeit wenig ausgeprägt ist, weil er theologisch und geistlich zu nichts nütze, nicht der Rede wert und daher sinnlos scheint. Schönheit und Sinnlichkeit sind in der Kirche meiner Welt allzu oft allenfalls Mittel zum Zweck und lediglich Dekorationen und Untermalungen des Ethischen, durch das allein die Welt erlöst werden soll, ohne dass es die geistliche Kraft dazu hätte. Denn erlösende Kraft hat nicht das, was uns Angst vor dem Untergang macht und uns in moralische Panik versetzt. Erlösende Kraft hat nur das, was die Augen der Menschheit zum Glänzen bringt und ihre Herzen höher schlagen lässt. Erlösende Kraft hat nur das, was die Sprache des Lichts und die Sprache der Schönheit spricht.«

Ich will mir den Glauben nicht nehmen lassen, dass das Schöne stärker ist als das Richtige und das Begehren mächtiger als die Versagung. Ich will daran glauben, dass das Wollen mächtiger ist als das Sollen und dass es allem Protestantismus und über kurz oder lang auch allem moralischen Welterlösungswahn trotzen wird. Und ich will vor allem daran glauben, dass nichts und niemand etwas gegen Gott vermögen wird, wenn Gott selbst als Inbegriff letzthinniger Schönheit und ästhetischer Ausdrucksmacht, mit anderen Worten als Inbegriff des Sinnes und des Geschmacks für das Unendliche und Metaphysische wiederentdeckt wird.

Doch wo sind sie, die Orte, an denen wir uns metaphysisch und ästhetisch stärken können für das Überleben in einer unschönen und unguten Welt? Wo sind sie, die Orte spiritueller Schönheit, spiritueller Kraft und echter, erfüllter und erfüllender Gegenwart des Heiligen?

Und während ich mich dies frage, erinnere ich mich an die Augenblicke meines Lebens, in denen meine Sehnsucht nach dieser spirituellen Schönheit gross und meine Enttäuschung, nicht den Weihrauch der Anderswelt riechen zu dürfen, sondern mit einem ernüchternd unsinnlichen Sein und Sollen konfrontiert zu werden, umso grösser war. Ich erinnere mich an die Augenblicke meines Lebens, an denen ich die Kollision des Ethischen mit dem Ästhetischen als besonders stark und als besonders desillusionierend empfand. Vor allem erinnere ich mich an einen 24. Dezember vor einigen Jahren. Meine Seele sehnte sich an jenem Heiligen Abend nach nichts anderem als nach den Heiligabenderfahrungen meiner Kindheit zurück. In dieser Kindheit war die Zeit vom reinen Warten auf das Christkind erfüllt, dessen Ankunft für den kleinen Jungen mit der Bescherung unter dem Christbaum identisch war. Nichts vermochte in die Zeitkapsel des Weihnachtsabends einzudringen. – Viele Jahre später sitze ich in einer Christvesper und hoffe darauf, irgendetwas in diesem Gottesdienst werde meine Kindheit auferstehen lassen – etwa so, wie der Geschmack eines in Tee getauchten Gebäcks dem fiktiven Ich in Marcel Prousts »Auf der Suche nach der verlorenen Zeit« den Ort seiner Kindheit durch intensive Erinnerung vergegenwärtigt. Aber in meinem Fall geschieht nichts dergleichen. Niemand reicht mir – in welcher Gestalt auch immer – eine Madeleine, die mich in den Zustand kindlicher Glückseligkeit zurückversetzt. Im Gegenteil. Die Pfarrerin mutet mir die schwierige Aufgabe zu, meinen Zorn auf das, was sie in ihrer Predigt verkündigt, im Zaum zu halten, mich zu beherrschen und die Kirche nicht vorzeitig zu verlassen. Nach drei Sätzen ist aus dem Kind in der Krippe ein ertrinkendes Flüchtlingskind im Mittelmeer geworden. Nach fünf Sätzen steht mir das gesamte Elend des Erdballs und der Untergang der Welt durch die ökologische Apokalypse vor Augen. Die Pfarrerin lässt keinen Zweifel daran, dass unser abendländischer Lebensstil an diesem Elend schuld ist und dass diejenigen, die an diesem Abend in dieser Kirche sitzen, Verantwortung für das Ende der Malträtierung der Welt und für deren Rettung zu übernehmen haben – nicht zuletzt durch konsequente Reduktion ihrer CO_2-Emissionen, die der Pfarrerin zufolge schon damit hätte beginnen können, dass »wir« heute Abend nicht mit dem Auto zum Gottesdienst gefahren wären. Oder überhaupt nicht gekommen wären, denke ich. Wäre Greta Thunberg damals schon in Erscheinung getreten gewesen, hätte meine Schwester im Herrn sie gewiss zum eigentlichen Christkind oder zumindest zur einzig wahren Prophetin und Heiligen des 21. Jahrhunderts erklärt. Gegen Ende der Predigt fällt der entscheidende Satz, auf den ich als routinierter Predigthörer bereits am Anfang vorbereitet bin: »Gott hat keine anderen Hände als unsere Hände.« Das Fest der Geburt Christi, so die Predigerin, sei das Fest des Zur-Welt-Kommens Gottes in unserem verantwortlichen, weltbewahrenden christlichen Handeln. An Weihnachten gehe es nicht um Geschenke, Gänsebraten und Gemütlichkeit unter dem Christbaum, sondern um Frieden, Gerechtigkeit und Bewahrung der Schöpfung. Gott werde Mensch, um uns zu zeigen, dass auch wir Mensch werden sollen – Moralkeule statt Gänsekeule. Kirche, so die Predigerin, sei nur Kirche, wenn sie Kirche für andere sei – Bonhoeffer. Bonhoeffer der Heilige. Bonhoeffer der Märtyrer. Bonhoeffer als Trumpf, der immer sticht. – Wer könnte die Arbeit für eine bessere Welt guten Gewissens niederlegen wollen, wo doch Bonhoeffer für seine ethischen Überzeugungen umgebracht wurde! – Ich bin wütend und zerknirscht. Nach dem Gottesdienst lege ich am Ausgang demonstrativ keinen Schein, sondern ein Zehn-Cent-Stück ins Körbchen. Der einzige Widerstand, den ich leiste und für dessen Erbärmlichkeit ich mich noch immer schäme.

Diese Heiligabendbegebenheit ist symptomatisch für die Austreibung des Ästhetischen durch das Ethische in der evangelischen Kirche der Gegenwart. Sie ist symptomatisch für eine kirchliche Flurbereinigung, die auch noch die letzten spirituellen Orte ihrer Weltfremdheit entkleidet und erbarmungslos säkularisiert und profanisiert. Und sie ist symptomatisch für eine Haltung, die der Christus des Evangeliums selbst vehement kritisiert, als er die Passion für die Armen stärker werden sieht als die Passion für die Passion Jesu.

Ich fürchte manchmal, es könnte wahr sein, dass die Kirche nicht zu retten ist, weil sie das Evangelium Jesu seiner sinnlichen Substanz beraubt hat – und sei es aus Angst vor seiner archaischen Kraft. Denn ich glaube, dass auf das Reich Gottes zutrifft, was Ingeborg Bachmann über den Kommunismus gesagt hat. Er werde, so die Dichterin, Luxus sein, oder er werde gar nicht sein. Und das Reich Gottes wird nicht das Reich Gottes sein, wenn es nicht in Schönheit und in sinnlicher und spiritueller Überfülle kommt. Womöglich gilt dasselbe, was für Gott und sein Reich gilt, auch für die Kirche. Es könnte sein, dass sie keine Zukunft hat, wenn in ihr nicht der göttliche

Glanz des Lebens sichtbar wird, dessen man am Heiligen Abend in den Augen der kleinen und grossen Kinder ansichtig werden kann. Es könnte sein, dass es eines Tages um die Kirche geschehen sein wird, wenn sie ihren Sinn für die ästhetische Intensität des Heiligen und für die metaphysische Dimension des Göttlichen nicht wiederentdeckt, sondern auf dem Weg der Entweihung weiterschreitet, die die Signatur unserer Zeit zu sein scheint. Der Sieg eines Protestantismus, der die Religion zur Ethik säkularisiert, Ethik als Religion sakralisiert und dadurch dem Heiligen den Garaus macht, könnte, so denke ich mir, das Ende des Protestantismus sein.

»Und deshalb, Markus«, sage ich, »bin ich froh, dass du deinem göttlichen Menschensohn die Sinnlichkeit nicht ausgetrieben hast. Ich bin froh, dass dein leuchtender Himmelskörper den Sinn für die Güte der Sinnlichkeit und der inneren und äusseren Schönheit ausstrahlt. Ich bin froh, dass wir heutigen Christenmenschen uns nicht auf dich berufen können, wenn wir das Ethische für das eigentlich Christliche und das Ästhetische für das Uneigentliche, Nutzlose oder gar Gefährliche halten.«

Mir kommt in diesem Augenblick auch noch ein anderer Gedanke in den Sinn. Ich zögere, ihn zu äussern, tue es dann aber doch. »Angesichts von so viel Sinnlichkeit deines Evangeliums frage ich mich manchmal«, sage ich zu Markus, »ob du nicht vielleicht doch etwas verschwiegen hast. Etwas, das durch jeden Buchstaben der Salbungserzählung, auch durch die Erzählung vom Ostermorgen, hindurchschimmert, aber gänzlich unserer Imagination überlassen bleibt. Die Frauen laufen ihm nach, deinem Jesus. Hat er sich ihrer Sinnlichkeit und seiner eigenen Sinnlichkeit entzogen? Sie sehnen sich danach, ihn zu berühren, um heil zu werden. Er sieht ihre Schönheit, und sie werden heil. Sie folgen ihm – auch dorthin, wohin keiner seiner Jünger ihm mehr folgt. Nach Golgota und ans Grab. Du lässt keinen Zweifel daran, dass ihre Passion für ihren geliebten Jesus und für ihren Geliebten Jesus keine Grenzen kennt. Eine Frau macht ihn zu Beginn der Passionserzählung schön für den Tod. Und Frauen sind es auch, die den getöteten Gesalbten im Grab ein zweites Mal salben wollen, um ihn einmal mehr zu imprägnieren gegen das Grauen der Unterwelt und um die Geister des Todes durch ein gleichsam exorzistisches, apotropäisches Schönmachen in die Flucht zu schlagen. Die Frauen Jesu gehen weit für ihn. Wie weit aber ging er? Ging er weiter, als dein Evangelium uns wissen lässt? Ging seine Sinnlichkeit so weit, dass der Einsame nicht so einsam blieb, wie es jene Kirche gern hätte, die nur in der Ehelosigkeit ihrer Priester und Ordensleute die Garantie für ein heiliges, allein Jesus gewidmetes Leben sieht? Dürfen wir es für selbstverständlich halten, dass Jesus verheiratet war, weil du sonst ausdrücklich erwähnt hättest, dass er keine Frau hatte? Oder gibst du uns den Hinweis, dass Jesus unverheiratet und sexuell enthaltsam lebte, als du Jesus seine Familie geradezu verachten lässt, um zu signalisieren, dass die neue, wahre und eigentliche Familie Jesu seine Jünger und Jüngerinnen sind? Was weisst du, was ich nicht weiss? Weisst du etwas und sagst es nicht? Oder weisst du es selbst nicht und willst es auch nicht wissen?«

Markus schweigt. Wie in seinem Evangelium, so auch jetzt. Vielleicht ist es besser, denke ich, dass er ihn in der Schwebe lässt, seinen Jesus, der diesseits und jenseits der Sinnlichkeit zugleich ist. Denn es fehlt dem Evangelium trotz des Verzichts auf eine ausdrücklichere und augenfälligere Beschreibung des Erotischen nichts. Auch so ist die Erotik in diesem ersten Evangelium allgegenwärtig. Verhüllt, aber mit Händen zu greifen. Wobei es fatal wäre, den Eros Jesu auf das Sexuelle zu reduzieren – ebenso, wie es fatal wäre, ihn um das Sexuelle zu bereinigen.

Auf einmal sagt mein Gesprächspartner: »Wer Augen hat zu sehen, der sehe! Und wer Ohren hat zu hören, der höre!«

Mehr sagt er nicht.

6

Und viele Zöllner und Sünder sassen mit Jesus und seinen Jüngern bei Tisch. Es waren nämlich viele, und sie folgten ihm. Und als die Schriftgelehrten unter den Pharisäern sahen, dass er mit den Sündern und Zöllnern ass, sagten sie zu seinen Jüngern: Mit den Zöllnern und Sündern isst er! Und als Jesus das hört, sagt er zu ihnen: Nicht die Gesunden brauchen den Arzt, sondern die Kranken. Ich bin nicht gekommen, Gerechte zu rufen, sondern Sünder. Und die Jünger des Johannes und die Pharisäer pflegten zu fasten. Und sie kommen und sagen zu ihm: Warum fasten die Jünger des Johannes und die Jünger der Pharisäer, deine Jünger aber fasten nicht? Da sagte Jesus zu ihnen: Können denn die Hochzeitsgäste fasten, solange der Bräutigam bei ihnen ist? Solange sie den Bräutigam bei sich haben, können sie nicht fasten. Doch es werden Tage kommen, da ihnen der Bräutigam entrissen wird, und dann werden sie fasten, an jenem Tag.

Markus 2,15–20

Passion statt Blutleere

Die Lebensbejahung Jesu

Die Schönheit der Salbung von Betanien ist das eine, für das ich Markus danke. Der Lebenshunger des Menschensohns ist das andere. Denn angesichts des asketischen Umfelds Jesu muss die Versuchung gross gewesen sein, den Nazarener, der selbst ein Jünger des Täufers gewesen sein dürfte, zum grossen Lebensverneiner und Fastenprediger zu stilisieren.

»Aber das war er nicht, nicht wahr?«, sage ich zu Markus. »Was auch immer du mit der historischen Wirklichkeit Jesu angestellt hast, wie sehr auch immer du sie durch den Glanz des Überirdischen zum Verschwinden gebracht und mit der Aura des Göttlichen umgeben hast: Gelegentlich schimmert er hervor, der wirklich Gewesene, dessen Lebensbejahung und dessen Lebenshunger sich durch jede entrückende Stilisierung hindurchfrisst. Gott sei Dank einmal mehr! Gott sei Dank, dass du uns keinen miesepetrigen Weltverbesserer und keinen blutleeren, schmalbrüstigen Daseinsversalzer vor Augen führst! Und Gott sei Dank, dass du nicht in die religiöse Falle getappt bist, ihn, den Ursprung des christlichen Glaubens, zu einem freudlos moralinsauren

Aufrüttler und selbstgerechten Besserwisser zu machen, der die Welt zu einem Glück zwingen will, nach dem sie sich nicht sehnt, weil sie sich dafür ihre Lebenslust, ihre Lebensgier und ihren Hunger nach der Fülle und Freiheit des Diesseits verkneifen müsste! Das ist die Wahrheit, oder nicht? Dass er nicht gefastet hat, dass ihm die Reinheitsvorschriften des Judentums gestohlen bleiben konnten und dass er ein Fresser und Weinsäufer war, dessen Passion und dessen Eros für das Leben die Grenze zum Exzess überschritten. Das ist die Wahrheit, nicht wahr? Dass er die Selbstgerechten, die andere mit der Last der Weltverbesserung bedrückten, ebenso verachtete, wie jene ihn dauerten, deren Selbstkasteiung so gross war, dass sie an dem Gewicht zugrunde zu gehen drohten, das sie sich selbst auferlegten. Das ist die Wahrheit, und das unterschied ihn von seinem Lehrer, dem Täufer, dem Mann, der Heuschrecken und vermutlich auch anderes Widerliche ass und den Menschen mit seinen Busspredigten ein schlechtes Gewissen und einen schlechten Geschmack im Mund machte. Nicht wahr?«

Wieder sagt Markus nichts. Und das sagt mir, dass wir uns einig sind. Jedenfalls hoffe ich es. Und so überlasse ich mich meinen eigenen Gedanken – insbesondere an diejenigen, die dem Christentum das Grab schaufeln durch ihre entsagungsvolle Blutleere. Diejenigen, die sich ohne Sünde, auf der Seite des Guten und im Recht wähnen, aber für niemanden anziehend sind – es sei denn für die, deren einziges Lebenslüstchen in der traurigen und armseligen Freude besteht, auch anderen die Lebensfreude zu vergällen. Jene Wiedergänger des Täufers, die unentwegt Umkehr predigen und nicht müde werden, andere mehr oder weniger subtil dazu zu zwingen, tagaus, tagein den eigenen, offenbar falschen Lebensstil zu überdenken. Es widert mich an, wie man aus dem Herrn der Lebensfülle, aus seiner Leidenschaft für das Dasein und aus seiner Bejahung des wirklich gelebten Lebens einen belehrenden Moralisten machen kann. Es widert mich an, wie man den Gottessohn skrupellos für die Zwecke des eigenen Moralismus instrumentalisieren kann, der selbstgerecht mit dem Finger auf andere zeigt und die Welt im sicheren Wissen um den rettenden Königsweg in Gut und Böse unterteilt.

Ich sehe den überlangen Zeigefinger des Täufers auf dem Kreuzigungsretabel von Mathias Grünewalds Isenheimer Altar vor mir. Gott sei Dank ist es kein erhobener Zeigefinger, sondern ein Fingerzeig auf Christus! Wie gut, dass er, Johannes der Täufer, der Bussprediger und Asket, den untergehenden und schwindenden religiösen Äon darstellt! Und wie gut, dass jener andere, der lebenshungrige Nazarener, im Evangelium des Markus als Zukunft des Gottesreichs verkündigt wird!

»Ich danke dir, Markus!«, sage ich. »Vielleicht ist dir nicht klar, was du getan hast und wie sehr du mir und vielleicht auch meiner Zeit damit hilfst, ohne dass diese Zeit und die Kirche dieser Zeit dies zu ahnen bereit wären. Aber genau das, genau dieser lebenshungrige, leidenschaftliche und in seiner Diesseitsbejahung so unwiderstehliche Jesus ist es, den die Kirche meiner Zeit braucht. Die Kirche meiner Zeit, die an ihrer eigenen Anämie und keineswegs am religiösen Desinteresse und der Gottlosigkeit der säkularen Welt zugrunde zu gehen droht. Und warum? Weil einer Kirche, die nicht die lebensbejahende Gewissheit verkörpert, dass diese Welt der Überfluss Gottes ist und dass uns weder in den Tiefen noch auf den Höhen dieses Lebens irgendeine Macht von Gott trennen kann, die Menschen früher oder später den Rücken kehren werden – insbesondere diejenigen, die sich nach transzendenzgesättigter Lebensintensität und nach der Erfahrung einer Kraft sehnen, die nicht aus ihnen selbst und aus keinem Fitnessstudio der Welt kommt. Und es ist gut so, dass sie ihr den Rücken kehren. Weil die Kirche, insbesondere die evangelische Kirche, mit Religion, mit Transzendenz und mit Gott immer weniger zu tun hat.« Es ist gut so, denke ich, dass die Menschen, die von der Kirche nichts mehr erwarten, weil diese Kirche eine gottesintensitätsvergessene, ja gotteszerstörerische Kirche ist, zu Tausenden aus der Volkskirche austreten, das sinkende Schiff verlassen und zu neuen, vielleicht auch zu neuen religiösen Ufern aufbrechen. Wir, die Hüterinnen und Hüter und die Anwältinnen und Anwälte dieser Volkskirche, bleiben ihnen so viel schuldig! Wir haben die Passion des leidenschaftlichen Liebhabers des Lebens gegen die Leidenschaft selbstgerechter Weltverbesserer eingetauscht, die ihren verlorenen Glauben an Gott durch den Glauben an das ethische Sühnehandeln des Menschen kompensieren. Unser Zeigefinger zeigt anders als der Zeigefinger Jesu nur auf das bittere Leiden und auf all das, was in dieser Welt im Argen liegt, nicht aber auf das göttliche Leben. Das göttliche Leben, als das Christus die Welt sieht, in die trotz allem das Reich Gottes hineinragt.

»Ja«, sage ich. »Du lässt ihn gewiss auch leiden, deinen Christus. Und der Zeigefinger deines Evangeliums weist auch auf das Kreuz. Aber er weist eben nicht nur auf das Kreuz, sondern auf das gekreuzigte Leben. Dein

Evangelium ist nicht deshalb eine Passionsgeschichte mit ausführlicher Einleitung, weil sie wie Paulus nur das Wort vom Kreuz im Sinn hätte. Dein Evangelium ist vom ersten bis zum letzten Wort eine Passionsgeschichte, weil es vom ersten bis zum letzten Wort den Geist der Passion für das Leben atmet. Und weil es durchdrungen ist vom Geist der Rechtfertigung dieses Lebens, das wie die Schöpfung sehr gut ist, auch wenn es nicht glückt und auch wenn ihm die Wiedergutmachung der geschundenen Welt und des geschundenen Selbst nicht gelingt.«

Ich blicke zu ihm hinüber, ein wenig atemlos. Er hört mir aufmerksam zu. »Rede nur weiter«, sagt er.

Ich sage: »Paulus. So fern ist er dir womöglich doch nicht, der Mann, von dem du meinst, nichts wissen zu wollen. Der Mann, der instinktiv ahnte, dass das Gesetz, also die permanente Orientierung am Anderssseinsollen, am Defizit und an der moralischen Vorschrift, für den wahren Glauben nicht nur nicht notwendig, sondern sogar hinderlich ist. Paulus, den meine Zeit und meine Kirche unablässig im Munde und im Schilde führt. Meine Kirche, die im Anschluss an Martin Luther, der Paulus anderthalb Jahrtausende nach Paulus wiederentdeckte, unablässig die Aktualität der Botschaft der Rechtfertigung allein aus Glauben an Jesus Christus beteuert, ohne ein Gefühl dafür bewahrt zu haben, was es mit dieser Rechtfertigung wirklich auf sich hat. Der Christus deines Evangeliums lässt die Menschen, die glauben, sie seien gottlos und von allen guten Geistern verlassen, so, wie sie sind. Oder besser gesagt: Er lässt sie spüren, dass sie so, wie sie sind, in den Augen Gottes sehr gut sind. Und genau dadurch werden sie heil. Genau dadurch verändert sich ihr Leben. Dadurch, dass er sie verschont.

Warum nur hat gerade die christliche Religion so oft keinen Sinn dafür, die Menschen sein zu lassen, zu verschonen und sich zu freuen, wenn sie guter Dinge sind und ihr Dasein geniessen? Wo doch diese Menschen nichts sehnlicher wünschen, als guter Dinge sein zu dürfen und in Ruhe gelassen und verschont zu werden – vom Leben, das an ihnen rüttelt, von den Heckenschützen, die darin auf der Lauer liegen, und von den Forderungen derer, die behaupten, im Namen Gottes und im Namen der Schöpfung ihr prophetisches Urteil zu fällen und das Jüngste Gericht zu üben!«

Er sagt: »Obwohl du mir sehr fern bist, erkenne ich mich wieder in dir. In dir und in deiner Wut und in deinem geradezu heiligen Zorn. Ich erkenne mich wieder in dir und in deiner Zeit, die ich nicht kenne und niemals kennen werde – so, wie ja auch du meine Zeit niemals kennen wirst, auch wenn du noch so oft in meinem Evangelium liest und die architektonischen und literarischen Hinterlassenschaften meiner Zeit zu Tage förderst. Ich erkenne mich wieder in dir und in deiner Zeit. Denn so fern sind unsere Zeiten und ihre Menschen einander offenbar nicht. Und vielleicht erkennst du sie ja auch in meinem Evangelium wieder, deine Zeit und die Menschen deiner Zeit und deiner Welt. Die Menschen, die sich nach der Berührung des Göttlichen sehnen. Nach dem Erbarmer, der ihre Sünde und ihre Schuld von ihnen nimmt. Nach dem Einen, der die Welt wäscht, reinigt, verwandelt, heiligt und heilt. Und uns Lust macht. Lust auf das Kommende und auf den Kommenden. Lust auf Gott, der wie eine Geliebte ist, nach der wir vielleicht ein ganzes Leben lang vergeblich Ausschau halten, bis sie dann eines Tages oder eines Nachts vor uns steht in einem Glanz, der zu schön ist, um wahr zu sein. Eine Geliebte, auf die wir lange gewartet haben, ohne sie zu kennen.«

Er hält inne und sagt: »Ich weiss nicht, ob es mir in meinem Evangelium immer gelungen ist, das zu sagen, was ich sagen wollte. Aber was ich mit meinem Evangelium von Anfang an vorhatte, war die Verwandlung der Angst vor dem Gericht Gottes in eine Vorfreude, die grösser ist als alle Freude, die das Judentum der Zeit Jesu auszustrahlen vermochte. Das Judentum der Schriftgelehrten, das nur noch ein Festklammern an Vorschriften war, denen es an dem Geist gebrach, der diese Vorschriften wieder zu lustvollem Leben hätte erwecken können. An dem Geist, der der Geist meines Evangeliums ist, das keine Vorschrift, sondern eine Gutschrift ist. Eine Gutschrift des Lebens. Eine Gutschrift Gottes. Kann es sein«, fragt er mich, »dass das Christentum deiner Zeit das Judentum meiner Zeit ist, weil es vor allem an erhobene Zeigefinger und an die Möglichkeit der Errettung durch Verbote glaubt und im Übrigen mit der Verwaltung, Erhaltung und Existenzsicherung seiner selbst beschäftigt ist?«

Ich starre ihn an. Das darf man nicht denken, denke ich. Nicht heute jedenfalls. Nicht nach all dem, was Christen Juden angetan haben und wovon Markus nichts wissen kann.

»Wenn es so ist«, sagt er, »dann möge Gott euch beistehen! Vielleicht habe ich, der ich niemals Jude war, ja ein verzerrtes Bild vom Judentum meiner Zeit. Ebenso wie du, obwohl du Christ bist, womöglich ein verzerrtes und ungerechtfertigt unrichtiges Bild vom Christentum hast. Vom Christentum deiner Zeit, das genau wie das

Judentum meiner Zeit vielschichtiger ist als das Judentum, das ich in meinem Evangelium zur Unkenntlichkeit, vielleicht aber auch zur Kenntlichkeit entstellt habe, um ihn, den ganz Anderen, als Vorschein des Reiches Gottes umso strahlender in Erscheinung treten und Juden und Heiden und darüber hinaus die ganze Welt retten zu lassen. Wenn es also um das Christentum deiner Zeit so bestellt ist wie um das Judentum meiner Zeit – jedenfalls aus der Sicht derer, die im Nazarener die Wahrheit des Judentums sahen – dann sei Gott eurem Christentum gnädig! Betet, dass euch aus euren Reihen jemand erweckt wird, der die Wucht, die Kraft und die Macht hat, die Binde von euren Augen zu reissen und eurer Verblendung Herr zu werden! Betet, dass einer mit der Vollmacht Jesu Christi in eure Mitte tritt. Einer wie der Menschensohn meines Evangeliums, dessen Passion für Gott und die Welt das Lebenselixier eines Judentums hätte sein können, das die Kontrolle über die Eintrittsbedingungen in das Leben und die Wahrheit ausüben zu können meinte und dabei die Wahrheit und das Leben aus den Augen verlor. Womöglich ist dieses Judentum dein Christentum. Dein Christentum, dem ebenso wie dem Judentum meiner Zeit die Menschen davonlaufen, weil sie jenen nicht mehr glauben können, die sich selbst nicht mehr glauben und voller Misstrauen und voller Unglaube sind. Dein Christentum, dem die Menschen davonlaufen, weil sie spüren, dass das wahre Leben anderswo ist. Anderswo, als die Hüter der Wahrheit glauben und andere glauben machen wollen, indem sie ihnen unentwegt den einen großen Imperativ entgegenschleudern, der da heißt: »Du musst dein Leben ändern!« Aber dieser Imperativ ist nicht die Wahrheit. Sieh auf den Gottessohn«, sagt er. »Wenn du auf ihn siehst, wirst du sehen, was die Wahrheit ist. Und du wirst verstehen, dass jene, die diese Wahrheit für sich beanspruchen, nicht diejenigen sind, die die Macht haben, den Gottessohn festzuhalten. Sie haben diese Macht nicht. Nicht, weil sie mit der Wahrheit nichts im Sinn hätten, sondern weil die Wahrheit, die sie im Sinn haben, nurmehr ein wesenloser Schatten ihrer selbst ist. Das ist die Wahrheit«, sagt er und schweigt.

7

Und als sie am nächsten Tag von Betanien aufbrachen, hungerte ihn. Und er sah von weitem einen Feigenbaum, der Blätter hatte, und er ging hin, um zu sehen, ob er vielleicht etwas an ihm fände. Und als er zu ihm hinkam, fand er nichts als Blätter, denn es war nicht die Zeit für Feigen. Und er sagt zu ihm: In Ewigkeit soll niemand mehr eine Frucht von dir essen. Und seine Jünger hörten es. Und sie kommen nach Jerusalem. Und als er in den Tempel hineinging, begann er, alle hinauszutreiben, die im Tempel verkauften und kauften. Die Tische der Geldwechsler und die Stände der Taubenverkäufer stiess er um und liess nicht zu, dass man irgendetwas über den Tempelplatz trug. Und er lehrte sie und sprach: Steht nicht geschrieben: Mein Haus soll Haus des Gebets heissen für alle Völker? Ihr aber habt es zu einer Räuberhöhle gemacht! Und die Hohen Priester und Schriftgelehrten hörten davon und suchten Mittel und Wege, wie sie ihn umbringen könnten. Denn sie fürchteten ihn, weil das ganze Volk überwältigt war von seiner Lehre.

Markus 11,12–18

Heiliger Zorn

Der Wütende und der Weise

Der Menschensohn des Markusevangeliums ist von Anfang an ausser sich. Er ist ausser sich, wenn er gegen die Feinde der Schönheit, des Lebens und des Reiches Gottes kämpft. Und er ist ausser sich, wenn er die Welt ins rechte Licht rückt, zu Gott umkehrt, reinigt und heilt. Man kann dieses intensive, weltverwandelnde Aussersichsein Jesu auch seine Passion nennen. Die Anziehungskraft dieser Passion, die das Zeitliche so lange segnet und so lange verflucht, bis es endlich den Glanz der Schöpfung widerspiegelt, wirkt auf die Menschen in der Nähe Jesu wie Magie. Sie lassen ihn nicht, bis er die Dämonen ihres Lebens vertreibt, bis er sie segnet und ihnen zurückgibt, was sie im Dickicht der Welt verloren haben: ihre Schönheit, ihre Würde, ihren aufrechten Gang und ihre Fähigkeit, den Himmel, die Erde und sich selbst als Königreiche Gottes zu verstehen.

Leicht kann man der Versuchung erliegen, die Macht dieses lebenserfüllten und menschenbejahenden Aussersichseins Jesu mit der Macht der Liebe zu identifizieren und Jesus als Personifizierung dieser Liebesmacht zu begreifen. Wer jedoch das Evangelium des Markus auf diesen Geist der Liebe und auf das liebende Innenleben Jesu hin absucht, wird ausserhalb der eigenen Wunschvorstellungen nicht wirklich fündig werden. Denn Jesus tritt weniger als zärtlicher Liebhaber der Menschheit und als zärtlicher Liebhaber Gottes, sondern vielmehr als kompromisslos Unerbittlicher in Erscheinung. Markus lässt diesen Unerbittlichen seinen Weg beharrlich und mit geradezu unheimlichem heiligen Ernst gehen. Der erste Evangelist tut nahezu nichts, um die Annahme zu untermauern, das Wesen des Sohnes Gottes sei nichts als Liebe, Güte und Einfühlungsvermögen. Im Markusevangelium ist das Wort Liebe dünn gesät. Ein einziges Mal nur hält es Markus für erwähnenswert, dass Jesus jemanden lieb gewinnt. Ein reicher Mann ist es, den er in Markus 10,21 ansieht und ins Herz schliesst. Der Rest ist Schweigen. Aus diesem Schweigen sticht einzig das Dreifachgebot der Liebe hervor, freilich als Forderung, nicht als Beschreibung einer Haltung oder eines Gemütszustandes Jesu. Die Erkenntnis, dass die Liebe die hervorstechendste Charaktereigenschaft des Gottessohns ist, wäre als Frucht der Lektüre des Evangeliums und der Briefe des Evangelisten Johannes nachvollziehbar. Eine sorgfältige Lektüre des Markusevangeliums kann diese Frucht jedoch nicht zeitigen. Die Überzeugung, dass Jesus ein grosser Liebender ist, scheint eher einem allmachtsskeptischen Wunschdenken zu entspringen. Man kann nicht mehr an einen Gott glauben, der zum gewaltsamen Zugriff auf das Böse fähig ist. Daher nimmt man lieber Zuflucht zu einer anderen Macht: zur Macht der Liebe. Die Liebe hat im Unterschied zur Allmacht Gottes den Vorteil, dass es an ihrer Stärke und Existenz keinen Zweifel geben kann. Obendrein ist sie sympathischer, emotional attraktiver und begehrenswerter als jede mit Gewaltverhältnissen assoziierte Möglichkeit, den eigenen Willen gegen den Widerwillen derjenigen durchzusetzen, auf welche Macht und Gewalt zwingend, beugend, brechend und zerstörend einwirken. So sehr wir uns auch wünschen, dass ein starker Gott mit dem Bösen derart kompromisslos verfährt, so sehr zweifeln wir doch an dieser göttlichen Selbstdurchsetzungsfähigkeit gegen die Übel des Kosmos. Denn als Abkömmlinge der Aufklärung und als Kinder der Theodizee vermögen wir zumal im Nachhall der Kulturkatastrophen des zwanzigsten und des einundzwanzigsten Jahrhunderts dem Christus Gottes und Gott selbst zunehmend weniger die Macht zuzubilligen, im Regiment zu sitzen und die Welt auf eine Weise zu regieren, die keinen Zweifel daran aufkommen lässt, dass es Gott gibt und dass er der Herr der Schöpfung und unseres persönlichen Lebens ist. Wenn aber Gott als Allmächtiger für uns gestorben ist, dann soll er wenigstens mit dem schönsten Gefühl assoziierbar sein, das wir kennen: dem Gefühl der Liebe. Die Liebe kann uns um den Verstand bringen und unglücklich machen. Sie kann uns in ihrer erfüllten erotischen Gestalt zutiefst befriedigen. Und sie kann uns und anderen in ihrer karitativen, moralisch integren Ausprägung so guttun, dass wir liebend gerne der Versuchung erliegen, sie als Äquivalent Gottes zu bezeichnen. Aber wie gesagt: Die Vergottung noch so erfüllter intensiv liebender Zwischenmenschlichkeit hat eine Schattenseite. Weil sie aus dem Gefühl der Nichtexistenz des allmächtigen Gottes geboren ist, droht sie, wenn sie selbst einseitig als freundliche Zuwendung interpretiert wird, Gott nicht nur zu verohnmächtigen, sondern auch zu verharmlosen und zu verniedlichen – und zwar so sehr, dass sich am Ende die Theologie – oder was davon übriggeblieben ist – in einen einzigen Satz eindampfen lässt. Er lautet: »Gott liebt uns, also lasst uns auch lieb zueinander sein!« Diese Verniedlichung der Liebe wäre nur abzuwenden, wenn wir den theologischen Akzent auf die Macht der erotischen Liebesleidenschaft legen würden, die deshalb stärker ist als alle Mächte der Welt, weil ihr loderndes Feuer alles verzehrt. Wenn wir jedoch die Liebe Jesu in diesem Sinne als Eros deuten, dann werden wir nicht umhinkommen, im Aussersichsein des Nazareners die Züge einer ganz anderen, glühenderen und zweischneidigeren Leidenschaft wahrzunehmen. Spätestens seit der Verwandlung Gottes in die erwähnte allgütige und harmlose Liebesmacht insbesondere durch den liberalen Theologen Albrecht Ritschl im neunzehnten Jahrhundert wurde diese ganz andere Leidenschaft allerdings aus dem Blickfeld des Nachdenkens über Jesus gerückt.

Viele Christinnen und Christen unserer Gegenwart wollen nicht mehr wahrhaben, dass der Menschensohn des Evangeliums ein grosser Zürnender ist und dass er den Kampf gegen den Ungeist der Welt weniger mit den Waffen der Sanftmut, als vielmehr mit den Waffen des Zorns, des Fluchs und der vollmächtigen Austreibung dämonischer Mächte aufnimmt. Das Aussersichsein Christi ist nicht nur das Aussersichsein einer selbstlos gütigen Hingabe, die trotz aller Schuldverstrickung der Menschen an ihre Unschuld glaubt und das Kind im Menschen erkennt, das letztlich nur spielen will, aber sich im Zuge seines Erwachsenwerdens Furchtbares angetan hat. Das Aussersichsein Christi tritt nicht nur als empathisches Mitleid und liebendes Erbarmen mit der bedauernswerten menschlichen Kreatur in Erscheinung. Es gewinnt auch als machtvoller Kampf gegen das Böse, gegen die Sünde und gegen den Tod Gestalt. Und es trägt Züge der Ungeduld und Wut über die Unzulänglichkeit einer Menschheit, die sich die hartnäckige Frage Jesu gefallen lassen muss, wie sie es wagen kann, den Willen Gottes derart hartnäckig zu ignorieren. Wohl ist der Nazarener auch caritas und amor. Aber ein nur Liebender im Sinne tiefempfindender sanftmütiger Gefühligkeit ist er nicht – auch deshalb nicht, weil der Stift des Markus kein Weichzeichner ist. Dem Evangelisten wohnt vielmehr ein Furor inne, in dem seinerseits der Furor Jesu pulsiert: glühende Leidenschaft und glühender Zorn. Eros und eris. Amour fou.

Der heilige Zorn des Gottessohns, der sich nicht darüber beruhigen kann, dass die Menschen nicht zu Grösserem und Edlerem fähig sind, trifft seine Jünger, die immer wieder an ihrem Kleinglauben scheitern. Er trifft die Geldwechsler, die sich schamlos daran bereichern, dass all jene, die im Jerusalemer Tempel opfern und Opfertiere erwerben wollen, ihr Geld in die Tempelwährung umtauschen müssen – nicht zuletzt, um die vorgeschriebene Tempelsteuer zu entrichten. Es ist mit Händen zu greifen, dass Jesus durch die prophetische Zeichenhandlung seiner Tempelreinigung die jüdische Tempelaristokratie, die vom Tempelkult nahezu mafiös profitierte, so sehr gegen sich aufbrachte, dass sie beschloss, ihn bei den Römern anzuschwärzen, um sich seiner endgültig zu entledigen und weiterhin ungerührt ihren lukrativen, religiös legitimierten Geschäften nachgehen zu können.

Der heilige Zorn Jesu trifft aber auch Unschuldige – etwa einen Feigenbaum, der keine Früchte trägt, die den Hunger Jesu stillen könnten, und den Jesus daher verflucht. Gut möglich, dass diese Begebenheit sich tatsächlich so zutrug und aufgrund ihrer Drastizität dem Gedächtnis der Jünger Jesu so sehr einprägte, dass sie sie weitererzählten. Die Verfluchung des Feigenbaums spiegelt einen Wesenszug Jesu wider, den jeder Psychotherapeut umstandslos als Unreife eines Menschen bezeichnen würde, der sich nicht im Griff hat und sozial inadäquat, ja pubertär agiert. Der Schriftsteller J. M. Coetzee hat einem solch nervtötend unreifen Charakter in seinem Roman »The Childhood of Jesus« ein literarisches Denkmal gesetzt.

Diese Unreife, die Jesus immer wieder ausser sich geraten und sich um Kopf und Kragen reden lässt, bis sie ihn schliesslich den Kopf kostet, kann man mit humanitärer Theologie zu ersticken suchen. So lange, bis der Menschensohn nicht mehr als trotziges, zorniges und mitunter sogar gewaltbereites göttliches Kind, sondern nurmehr als mustergültiger Repräsentant postkonventioneller moralischer Autonomie in Erscheinung tritt. Wenn man aber die zornige Seite Jesu nicht wahrhaben will, dann blendet man etwas Wesentliches aus – die brutale und asoziale Dimension der Verweigerung eines zornigen jungen Mannes gegenüber dem Realitätsprinzip nämlich. Jesus will ja nicht nur von der Liebensunwürdigkeit der Welt nichts wissen, die er anders sieht, als sie ist, indem er gnädig auf sie blickt und sich ihrer erbarmt. Jesus vergibt dieser Welt nicht nur. Er überlässt sie auch nicht einfach ihrem ungerührten Sosein, ihrer heillosen Hässlichkeit, ihrem religiösen Zynismus und ihrer selbstzerstörerischen Gottlosigkeit. Er tritt ihr nicht allein mit zärtlichem Erbarmen, sondern auch mit seinem ganzen Pathos des Rettenwollens zu nahe. Er rüttelt so lange an ihr, bis die Dämonen aus ihr fliehen. Das hat seinen

Preis. Denn irgendwann wird der Wille zur Beseitigung des verrückten, den religiösen und politischen Status quo gefährdenden Gottesnarren mächtiger als das Hingerissensein von ihm – am Ende sogar übermächtig.

Wer an der Welt rüttelt, hat sie noch nicht aufgegeben. Wer an der Welt rüttelt, hat seinen Frieden mit ihrer Unabänderlichkeit und ihrer Verlorenheit noch nicht gemacht. Wer an der Welt rüttelt, ist noch lebendig und dünnhäutig. Und indem er an ihr rüttelt, versetzt Jesus die Welt nicht nur in den Zustand des himmlischen Friedens mit sich selbst, sondern in eine Unruhe, die immer wieder mit der Lebens-, Menschheits- und Weltbejahung Jesu zu kollidieren scheint. Dabei ist sie nur deren Kehrseite, ohne die die Menschheits- und Weltbejahung allenfalls eine billige Hinnahme dessen wäre, was nun einmal so ist, wie es ist, und was folglich nicht zu ändern ist.

»Du führst uns«, sage ich, »keinen ausgeglichenen Menschen vor Augen, Markus! Keinen heiteren Buddha, keinen in sich und in Gott ruhenden Heiligen. Und du trägst diese Unausgeglichenheit und Unruhe auch in die Passionserzählung ein. Denn mit seinen letzten Worten lässt du deinen Jesus sogar an Gott rütteln und an seiner Abwesenheit verzweifeln. Hättest du die anderen Evangelisten gekannt, hättest du sehen können, wie viel weiser, gefasster, schicksals- und gottergebener sie ihn sterben lassen. Nicht aber du. Magst du auch manches verschwiegen haben: Das hast du nicht verschwiegen. Du hast nicht verschwiegen – und womöglich hast du es sogar mit aller literarischer Gewalt ans Licht gezerrt und dramatisch überhöht –, dass der Mann aus Nazaret ein Mann der Extreme und der extremen Gemütslagen, ein Himmelhoch-Jauchzender und ein Zu-Tode-Betrübter war. Aber wer weiss: Vielleicht kann nur ein Mann der Extreme die Welt mit all ihren Extremen aus den Angeln heben und in die Arme Gottes werfen.

Dein Christusbekenntnis ist kein Bekenntnis zu einer Gestalt, die über den Dingen steht und ihren Frieden mit allem und jedem längst gemacht hat. Es ist das Bekenntnis zu einer pulsierenden Intensität – zu einem Menschen, der nicht nur ruhig und gelassen in Gott und sich selbst ruht, sondern seinem Feind immer wieder mit letztem Ernst und letztinstanzlicher Vollmacht die Stirn bietet, weil dieser Feind jede Schwäche auszunützen bereit ist und weil es sich der Menschensohn daher nicht erlauben kann, weich und schwach zu werden.

War er im Garten Getsemani deshalb so verzweifelt, weil er fürchtete, nicht stark genug zu sein, um seinen Weg mit derselben Unerbittlichkeit zu Ende zu gehen, in der er ihn mit der Reinigung des Tempels begonnen hatte? Sagte er vielleicht deshalb: ›Wacht und betet, damit ihr nicht in Versuchung kommt!‹, weil er wusste, wie gross die Versuchung war, diesem Weg ans Kreuz aus dem Weg zu gehen? Diesem dunklen Weg, der auf dunkle Weise irgendwie mit der Vollendung seiner Mission verbunden schien? Vielleicht hatte dein Jesus«, sage ich zu Markus, »Angst davor, nicht nur den Mut, sondern die Wut zu verlieren. Die Wut, die ein wesentlicher Ausdruck der Vitalität des Gottessohns ist, so tödlich sie für ihn war. Zornig befreit dieser Gottessohn die Menschen aus der Macht der Geister, die ihnen das Leben nehmen. Zornig legt er sich mit den politischen und religiösen Mächten seiner Zeit an. Sein Zorn ist es, der ihn ins Grab bringt. Aber sein Zorn gehört zu ihm. Ohne Zorn kein Christus. Der Zorn ist aus dem Dasein und aus dem Menschsein des Menschensohns nicht wegzudenken.«

Ich blicke ihn an. »Oder spiegeln sich in der Getsemani-Erzählung deine eigenen Zweifel und deine eigene Angst, Markus? Fürchtest du dich davor, dass dein Jesus am Ende doch ein Ohnmächtiger war, dem diese Ohnmacht hätte erspart bleiben können, wenn er sich nicht mit den politischen und religiösen Mächten seiner Zeit angelegt hätte? Lässt du ihn in Getsemani schwach werden und am Kreuz seine Gottverlassenheit herausschreien, weil du selbst schwach geworden und angesichts des Kreuzes an Gott verzweifelt bist? Denn ist es nicht die Kreuzigung, die deinen strahlenden Himmelskörper in der Atmosphäre einer Unmenschlichkeit verglühen lässt, gegen die der Nazarener machtlos ist und gegen die auch dein Evangelium machtlos ist, in dessen Fleisch der Pfahl dieses Kreuzes sitzt? Ist es nicht so? Ist das Kreuz etwa nicht die unheilbare Wunde aller Christusgläubigen, Markus? Und bist du vielleicht deshalb nicht willens, deinen Frieden mit Paulus zu machen, weil dir seine Kreuzestheologie als unzulängliches Heilmittel gegen das Unheil erscheint, das Jesus von Nazaret ereilte? Du scheinst nicht glauben zu können, dass sich in diesem Unheil das Heil verbirgt. Es wäre dir lieber, Jesus hätte einen grossen Bogen um Jerusalem gemacht, nicht wahr? Weil du dir völlig darüber im Klaren bist, dass der Gang nach Jerusalem die letzte, grösste und verhängnisvollste Versuchung Christi war. Oder nicht?«

Er schweigt. Dann sagt er: »Ich habe mir oft überlegt, was geschehen wäre, wenn Jesus diesen Weg des heiligen Zorns und des blauäugigen Angriffs auf die Bastionen der Macht nicht eingeschlagen und irgendwann eingesehen hätte, dass es sinnlos ist, für seine Überzeugungen mit dem Leben zu bezahlen, weil ein solcher Tod – und sei er ein noch so grosses Zeichen der Konsequenz und der Freiheit – nichts zur Rettung jener beitragen kann, die er im Schmerz zurücklässt. Ich habe mir oft überlegt, was geschehen wäre, wenn Jesus der tollkühnen und verhängnisvollen Versuchung widerstanden hätte, sich mit den Repräsentanten des politisch-religiösen Systems anzulegen.«

Er hält inne, schüttelt langsam den Kopf und sagt dann: »Weiss der Himmel, welcher Teufel ihn geritten hat, als es ihn nach Jerusalem, ins Herz der Macht zog! Wäre er doch nur als weiser alter Mann gestorben und hätte er nur nicht einen solch ärgerlichen und unnötigen Tod gefunden! Wäre es seinen Jüngern und seinen Jüngerinnen doch nur gelungen, sein Sendungsbewusstsein zu trüben und seinen Zorn zu besänftigen, der ihn ums Leben brachte wie seinen Lehrer, den Täufer! Hätte er sich nur nicht dazu anstacheln lassen, es mit den Dämonen der Metropole aufzunehmen und den Thron Davids zurückzuerobern, an dessen beiden Seiten zumindest zwei seiner Freunde sehnlichst zu sitzen wünschten! Hätte er nur nicht auf die Zebedäussöhne und auf Judas Iskariot gehört! Ich bin mir sicher, dass sie es waren, die Jesus dazu drängten, seine Gewalt und seine Vollmacht gegen die römischen Unterdrücker in Anschlag zu bringen und die Menge derer anzuführen, die nur darauf warteten, mit Schwertern und Dolchen Widerstand gegen Rom zu leisten.«

Er rauft sich die Haare. »Hätte er nur den anderen geglaubt! Jenen, die ihm wahrscheinlich unzählige Male vor Augen hielten, welches Ende es mit ihm nehmen könnte, wenn er in die Höhle des Löwen nach Jerusalem hinaufziehen würde, um seine Macht an der Macht der Welt zu messen, statt der Glücksbringer der Menschen in Galiläa zu bleiben. Hätte er nur denjenigen seiner engsten Freundinnen und Freunde geglaubt, die wussten, dass er sich zuweilen überschätzte und dass er nicht nur in seiner Heimat gegen die dortigen Dämonen machtlos war, sondern auch an Jerusalem zerschellen würde. Ja, das Zentrum der politischen, wirtschaftlichen und religiösen Macht war eine Nummer zu gross für ihn, dessen Macht nicht von der Natur der Macht des Römischen Reiches war. Er hätte in Galiläa bleiben sollen – dort, wo er wirklich gross war und wohin ich seine Jüngerinnen und Jünger ganz am Ende wieder gesandt habe. Dort, in Galiläa, nicht in Jerusalem, sehe ich ihn vor mir. Und ich sehe dort nicht den gekreuzigten und auch nicht den auferstandenen, sondern den altersweisen und altersmilden Jesus. Ich sehe ihn sitzen, irgendwo am See Gennesaret. Ich sehe, wie sie Menschen zu ihm bringen: Kinder, Greise, Besessene, Kranke, Verzweifelte, Verrückte. Ich sehe, wie er am Ufer des Meeres seiner Heimat in sich ruht und nicht mehr vor dem Selbstbild des erhabenen Weisen in die Einsamkeit des Ringens mit Gott und in die Einsamkeit seiner umstürzenden Mission flieht. Ich sehe ihn dort, wo er hingehört: zu denen, die ihn brauchen, um ihn anzurühren und von ihm angerührt zu werden, damit sie ihren Frieden mit Gott und der Welt machen und spüren können, dass in der Gegenwart dieses Weisen, des guten Menschen von Nazaret, alles gut ist. Wie gern hätte ich ihn in meinem Evangelium für alle Zeit und für alle Ewigkeit aus der grossen tödlichen Welt Jerusalems, des Römischen Reiches und der sadduzäischen Tempelaristokratie dorthin versetzt: an das Galiläische Meer, in die Nähe der kleinen Leute, die ihn entdeckten und herausrissen aus dem Nichts seiner Bedeutungslosigkeit – so, wie er sie entdeckte und herausriss aus dem Nichts ihrer Bedeutungslosigkeit und aus den Netzen ihres belanglosen Fischerlebens.

Vielleicht hätte ich ihn am Ende – und zwar vor seinem Tod am Kreuz, nicht danach – entrückt werden lassen sollen. Vielleicht hätte ich seine Tötung verschweigen und aus dem kollektiven Gedächtnis der Christenheit tilgen sollen. Ich hätte ihn unblutig, selig, weltweise und weltfern entrückt statt bis ans Ende aller Tage gekreuzigt werden lassen können. Aber diese *damnatio memoriae crucis*, diese Verbannung des Kreuzes aus dem Gedächtnis der Christenheit wäre zu viel des Guten gewesen. Denn er starb ja nun einmal diesen grauenvollen Tod. Und es hätte sich nicht verheimlichen lassen, dass er ihn starb – auch wenn ich viele kenne, die ihn nicht wahrhaben wollen, diesen Tod, und die fortwährend so vom Auferstandenen reden, als wäre diese Auferstehung auch ohne den Tod denkbar und als wäre dieser Tod nie gewesen.

Ich will ehrlich zu dir sein. Ich will ehrlich sein und dir sagen, dass ich das Ende Jesu bis heute nicht einordnen kann. Aber – wie soll ich sagen? – es schien mir der Passion des Nazareners für Gott und die Welt irgendwie die Krone aufzusetzen. Ja, ich glaube, dass es sich Paulus, der von nichts etwas wissen wollte ausser vom Tod Jesu, zu einfach gemacht hat.

Ich teile die Kreuzesbesessenheit des Paulus nicht. Und doch beschleicht mich immer häufiger das Gefühl, dass dieser Tod auch abgesehen von der Auferstehung, die ja vielleicht doch ein Ding der Unmöglichkeit ist, einen verborgenen Sinn haben könnte. Womöglich ist es ja gerade dieser Tod, der dem Leben Jesu sein Gewicht, seine Bestimmung, seine Intensität, seine Grösse und seine Freiheit gibt. Und so habe ich mich schweren Herzens dazu durchgerungen, Jesus allen Versuchungen widerstehen zu lassen, den breiten Weg des seligen Lebens zu wählen und der unvermeidlichen Hinrichtung zu entgehen. ›Weiche von mir, Satan‹, lasse ich ihn zu Petrus sagen, der ihn erkannte und wusste, dass der Mann aus Nazaret nicht der Mann aus Nazaret, sondern ein ganz Anderer, nämlich der ersehnte Christus in unscheinbarem Gewand und an unscheinbarem Ort war.

Du weisst und du siehst, Fremder aus der Zukunft, dass ich alles auf diesen Tod habe zulaufen lassen. Auf diesen Tod, der die Frucht des Zorns des Nazareners war. Es schien mir nötig, dass er nicht abgesehen von diesem Tod gesehen wird, der wie gesagt ein Pfahl im Fleisch meines Evangeliums, im Fleisch meines Herzens und im Fleisch des christlichen Glaubens ist und bleiben wird. Ich konnte ihn nicht dort sitzen lassen am Galiläischen Meer – ebenso wenig, wie ich seine Jünger mit ihm auf dem Berg der Verklärung mit Mose und Elija sitzen bleiben lassen konnte. Ich musste ihn wieder hinabsteigen und am Ende in die Hölle fahren lassen. Am Ende, das nicht das Ende, sondern der Anfang war.«

Er legt seine Hand über die Augen und starrt zu Boden. Nach einer Weile sagt er: »Die Welt hätte vielleicht einen weniger zornigen Gottessohn nötiger als diesen ruhelosen Weltretter, der sich womöglich zu viel zutraute und sich schliesslich übernahm. Der Welt hätte der Alte von Nazaret, der heiter, gelassen und weise auf seinem Felsen am Ufer sitzt, ein Fels in der Brandung der Welt ist und diese Welt anrührt, und die Sünde vergibt und ihr den Ungeist und den Unfrieden austreibt, besser getan als dieser junge, gerade einmal dreissigjährige Mann, der am Ende doch zu wenig von der Welt wusste, um sie retten und mit ihr wirklich seinen Frieden, seinen abgrundtiefen Frieden machen zu können.

Er könnte noch leben, wenn seine Macht über sich selbst grösser gewesen wäre. Und ich könnte ein anderes Evangelium schreiben. Ein Evangelium intensiver, weltbefriedender Gelassenheit. Ein Evangelium ohne das große Fragezeichen dieses verfluchten frühzeitigen Todes. Aber andererseits – andererseits glaube ich, wenn ich nachts wach liege und ins Nichts starre, in das er entschwunden ist an diesem fürchterlichen Tag vor dem Sabbat, dass es gut ist, dass sein Zorn ihn gerade diesen Tod finden liess. Denn vielleicht kann nur dieser Tod, der ein Skandal ist und einen Riss ins Sein macht von oben bis unten, die Welt aus ihrer Selbstzufriedenheit herausreissen, ihrer Letzthinnigkeit entkleiden und ihr die Augen öffnen. Und vielleicht scheint gerade durch diesen Riss ein Licht von jenseits des Seins in diese Welt.

Was sollte das Sein Gottes eindringlicher und schmerzlicher herbeizitieren als dieser Riss? Und was sollte mehr wehtun und ein grösseres Gewicht auf die Seele legen als der Schmerz über diesen zerrissenen Lebensfaden Jesu und über diesen Tod, der ein Stachel in meinem Fleisch auch dann bleibt, wenn ich ihn als äusserste Konsequenz eines schlechthin freien Lebens zu begreifen versuche?«

Und dann sagt er: »Sag mir, was du von diesem Tod hältst. Was ist dieser Tod für euch Künftige? Ist er auch zwanzig Jahrhunderte nach mir noch da, noch von Gewicht und noch wahr, dieser Tod?«

8

Und zur sechsten Stunde kam eine Finsternis über das ganze Land bis zur neunten Stunde. Und in der neunten Stunde schrie Jesus mit lauter Stimme: »Eloi, eloi, lema sabachtani!«, das heisst: »Mein Gott, mein Gott, warum hast du mich verlassen!« Und einige von denen, die dabeistanden und es hörten, sagten: »Hört, er ruft nach Elija!« Da lief einer hin, tränkte einen Schwamm mit Essig, steckte ihn auf ein Rohr und gab ihm zu trinken, und er sagte: »Lasst mich, wir wollen sehen, ob Elija kommt und ihn herabnimmt.« Da stiess Jesus einen lauten Schrei aus und verschied. Und der Vorhang im Tempel riss entzwei von oben bis unten. Als aber der Hauptmann, der ihm gegenüberstand, ihn so sterben sah, sagte er: »Ja, dieser Mensch war wirklich Gottes Sohn.«

Markus 15,33–39

Unendlicher Schmerz

Das spezifische Gewicht des Kreuzes

Was soll ich Markus auf seine Frage antworten, ob der Tod Jesu auch zwanzig Jahrhunderte nach ihm noch da, noch von Gewicht und noch wahr ist? Soll ich ihm zweitausend Jahre Christologie, Kreuzestheologie und Trinitätslehre vor Augen führen und seine grosse Verwirrung über die Kreuzigung Jesu und deren Bedeutung noch vergrössern?

Es ist besser, ich tue etwas anderes, denke ich mir. Es ist besser, ich bin ehrlich zu ihm und zu mir und verhehle nicht, dass auch ich über diesen Tod verwirrt bin und dass es auch mir zunehmend schwerer fällt, den Tod Christi als das eigentliche Heilungswunder der Welt zu begreifen. Es ist besser, ich gestehe ihm, wie sehr auch ich mit dem Kreuz ringe, um ihm einen versöhnlichen Sinn zu entwinden.

Ja, ich ringe mit dem Kreuz. Und zwar deshalb, weil das Bild des Gekreuzigten so stark ist, dass es die Kraft hat, den Glauben auszulöschen. Das Kreuz ist ein gefährliches Symbol. Es lässt nämlich dem Schmerz und der Gewalt das letzte Wort und das letzte Bild. Und es trägt dazu bei, dass das Leben und die Leidenschaft des

Menschen, der an diesem Kreuz sein Ende fand, hinter diesem letzten Eindruck verblassen. Ganz zu schweigen davon, dass das Kreuz in der Geschichte des christlichen Glaubens äusserst fragwürdige Gottesvorstellungen salonfähig machte. Etwa die Vorstellung, Gott selbst habe seinem Sohn die Gewalt angetan, die er eigentlich uns hätte antun müssen, um uns dafür zu bestrafen, dass wir Gottes Schöpfung mit unserer Schlechtigkeit beschmutzen und verhunzen. Oder die Vorstellung, das Kreuz sei ein Opfer, das die Menschen Gott darbringen, um seinen rasenden Zorn auf ihre Sünde zu besänftigen. Ja, ich ringe mit dem Kreuz. Und ich bin mir nicht sicher, ob subtile theologische Differenzierungen dieselbe Kraft haben wie starke Bilder. Kann die zweifellos richtige kreuzestheologische Beteuerung, dass sich Gott selbst für die Menschen hingibt, dass er keineswegs auf der Seite der Gewalttäter, sondern auf der Seite der Opfer steht und dass der Gekreuzigte der schlechthin souveräne, sündlose Mensch ist, wirklich etwas gegen die Assoziationen ausrichten, die sich angesichts der ästhetischen Gewalt des Kreuzes unweigerlich verselbstständigen?

Und so liebäugle ich immer wieder mit der Idee, eine Lanze dafür zu brechen, allein das Bild des Auferstandenen als Symbol des christlichen Glaubens und als Symbol des Sieges des wahren Lebens über den Tod gelten zu lassen. Zwar habe ich keine wirklich klare Vorstellung davon, welches Bild der Auferstehung wir uns machen könnten. Und ich frage mich daher, ob wir uns im Blick auf den Auferstandenen nicht besser ein strenges Bilderverbot auferlegen sollten. Auch Markus erliegt ja der Versuchung nicht, den Auferstandenen in Erscheinung treten und Jesus von Nazaret wieder so da sein zu lassen wie zuvor. Eher verhält es sich ja umgekehrt, nämlich so, dass sich das von Markus erzählte Leben Jesu vor seinem Tod als nachösterliche Verklärung dieses Lebens deuten lässt, uns also bei der Lektüre des Markusevangeliums bereits der Vorösterliche als Erscheinung des Auferstandenen vor Augen tritt. – Doch in welcher bildlosen oder bildhaften Gestalt wir der Auferstehung Jesu auch Raum geben: Wir könnten damit sichtbar machen, dass keineswegs nur das in Erinnerung bleibt, was schmerzt, sondern das, was unser Leben mit Leben, mit Glück und mit unauslöschlicher Hoffnung erfüllt.

Immer dann jedoch, wenn ich im Begriff bin, das Kreuz dahingestellt zu lassen, dem theologischen Vergessen zu überantworten und mit dem gleissenden Licht der Auferstehung zu überblenden, beschleicht mich die Befürchtung, etwas übersehen zu haben. Könnte es nicht vielleicht doch wahr sein, dass nicht die Auferstehung, sondern die Ermordung Jesu das Herz das Evangeliums ist, weil sie wie gesagt der Intensität der Passion und der Intensität des Markusevangeliums die Krone aufsetzt?

Ich sage also zu meinem imaginären Gesprächspartner aus der Vergangenheit, dass sich zwar einerseits alles in mir sträubt, im Kreuz das Heil zu sehen, dass mich andererseits aber immer wieder die Idee überwältigt, sein fremder Himmelskörper könnte durch diesen Tod noch schwerer, und die Menschlichkeit und die Göttlichkeit des Gottessohns könnten durch diesen Tod noch gravierender geworden sein.

»Das Kreuz, lieber Markus«, sage ich, »war, ist und bleibt ein Stachel im Fleisch des christlichen Glaubens. Du ringst mit dem Kreuz. Und auch ich ringe mit ihm. Ja, es ist auch in meiner Zeit noch von Gewicht – als Stein des Anstosses, der sich allen, die den Weg des christlichen Glaubens gehen wollen, mitten in diesen Weg legt. Es gibt keine einfache und vielleicht überhaupt keine Möglichkeit, diesen Stein wegzuwälzen. Und es gibt wahrscheinlich auch keine einfache Antwort auf die Frage, ob es am Ende besser gewesen wäre, dem Kreuz nicht zu viel Gewicht zu verleihen. So sehr ich manchmal davon überzeugt bin, dass das Kreuz ein Symbol der Niederlage Gottes ist und dass es die gute Nachricht deines Evangeliums ins Gegenteil verkehren könnte, so sehr bin ich andererseits davon überzeugt, dass du gut daran getan hast, die Passionsgeschichte nicht zu verwerfen. Denn ohne dieses gravierende Ende wäre der Heilige aus Galiläa letztlich vielleicht doch ein Leichtgewicht und womöglich so leicht, dass nichts ihn auf Dauer halten könnte in der Gegenwart der Welt und in der Gegenwart der Erinnerung. Das Gedächtnis an ihn würde längst erkaltet sein, und seine Präsenz unter uns würde sich längst verflüchtigt haben, wenn der Knoten dieses Lebens sich nicht zur Tragödie, also zum grossen, ästhetisch, theologisch und liturgisch wieder und wieder inszenierten Drama geschürzt hätte.«

Nicht die heiteren, mit sich und dem Dasein im Reinen befindlichen Klänge einer Musik, die von keiner Untröstlichkeit über den Tod des Gottessohns weiss, sondern die Tränen, zu denen uns die Matthäus- und die Johannespassion rühren, werden die Jahrtausende überdauern, ohne zu versiegen, denke ich mir. Und ich sage zu Markus: »Die Bilder des Gekreuzigten sind die intensivsten und unauslöschlichsten Bilder, die die Menschheit hervorgebracht hat. Du solltest sie sehen! Die Bilder und Skulpturen des Gekreuzigten, mit der die grossen christlichen Künstler sogar die Kunst einer Zeit inspiriert haben, die sich längst als nachchristliche Zeit versteht. Du solltest sie sehen, diese Kunstwerke! Du solltest sehen, wie sie die Passionserzählung ins Bild gesetzt haben! Die Passionserzählung, die Künstlerinnen und Künstler aller Zeiten auf die höchsten Höhen ihrer Begabung geführt hat. Im zehnten Jahrhundert nach Christus ebenso wie im fünfzehnten, im sechzehnten und im zwanzigsten Jahrhundert ebenso wie im einundzwanzigsten Jahrhundert. Das Kreuz gehört kunstgeschichtlich wahrscheinlich niemals der Vergangenheit an, selbst in einer gänzlich gottvergessenen Zeit nicht. Und zwar deshalb nicht, weil das Bild des Gekreuzigten die exponierteste, verdichtetste und intensivste Darstellung des gepeinigten und zugleich freien Menschseins ist, die man sich vorstellen kann. Zahllose Menschen zweier Jahrtausende haben sich herausgefordert gesehen, ihren Geist und ihr künstlerisches Vermögen an der Gestaltung dieser einsam zugerichteten erhabenen Gestalt und ihrer Botschaft zu erproben. Wenn sich grosser Stil an einem grossen Sujet versucht, entsteht grosse Intensität. Das zeigt sich in der Kunst noch deutlicher als in der Theologie. Und es zeigt sich nicht nur in der ästhetischen Darstellung des Leids, sondern auch in der ästhetischen Darstellung der Leidenschaft und der souveränen Freiheit.«

Markus hört mir aufmerksam zu. Dann sagt er: »Ich habe auf meine Weise ebenfalls versucht, eine Art Bild zu malen. Ein Bild aus Worten. Ein Bild, das irgendwie auch eine grosse Musik ist. Eine Musik voller Misstöne und voller Wohlklänge. Eine Musik, die Harmonie und Dissonanz, Lust und Schmerz, Leben und Tod zugleich ist – wenn es so etwas überhaupt gibt. Eine Musik und ein Bild aus Worten. Ein Bild, dem ich sogar einen Titel gegeben habe. Du kannst ihn nachlesen, diesen Titel. Er steht am Anfang meines Evangeliums und am Ende der Passionsgeschichte – also am Anfang und am Ende aller Dinge, die Gewicht für die Welt haben. Mein Bild Jesu Christi heisst: ›Ja, dieser Mensch war wirklich Gottes Sohn.‹ Es könnte auch anders heissen, vielleicht ›Siehe, der Mensch!‹. Denn an diesem Menschen wird sichtbar, wozu der Mensch fähig ist – im Guten wie im Bösen. Er ist dazu fähig, als einzig wahres Ebenbild des Allerhöchsten das wahre Menschsein und seine Würde zu offenbaren. Er ist dazu fähig, das wahrhaft Göttliche, das Alpha und das Omega, den Anfang, den Grund und das Ziel des Seins zur Erscheinung zu bringen. Und er ist dazu fähig, zum Unmenschen zu werden, die Menschlichkeit mit Füssen zu treten und zu vernichten. ›Siehe, der Mensch!‹ Was hältst du davon?« – Ich lächle und weiss, dass er nicht versteht und nicht verstehen kann, warum.

»Vielleicht tust du mir also ein wenig unrecht«, sagt er, »wenn du nur die grossen Künstler nach mir herbeizitierst. Auch ich wollte ja ein Kunstwerk schaffen, wenngleich ich kein Maler bin und wenngleich ich weiss, dass es einem Maler leichter fallen mag, die Vielschichtigkeit des Sterbens und des Lebens zur Anschauung zu bringen, als jemandem, der keine Bilder, sondern Worte macht. Auch ich wollte ein intensives Kunstwerk schaffen. Ein Kunstwerk, in dem die Leichtigkeit und die Erhabenheit des Himmels und die Schwere und der Abgrund der Erde verschmelzen. Ich wollte aus Worten ein Bild, vielleicht sogar ein Klangbild malen, das man nicht mehr vergessen kann. Die Wundertäter, die messianischen Hochstapler und die pseudogöttlichen Männer, die zur Zeit Jesu auftraten und die Menschen dieser Zeit mit der unmittelbar bevorstehenden Ankunft des Jüngsten Tages konfrontierten, entsetzten und ob ihres Charismas entzückten, schrieben sich nicht ins Gedächtnis der Menschheit ein. Schon zu meiner Zeit sind sie nahezu vergessen. Vielleicht deshalb, weil ihrem Leben das Gewicht fehlte, das dem Leben Jesu sein Gewicht gab. Lass es mich so sagen: Eine Passion ohne Herzblut ist keine Passion. Und dieses Herzblut des intensiven Lebens muss am Ende vergossen werden. Es muss fliessen. Tief- und leuchtendrot muss es fliessen, um eine Spur zu hinterlassen, die nicht weggewaschen wird von den Gezeiten, denen gleichgültig ist, was die Kinder dieser Welt in den Sand der Meeresufer zeichnen. Ich wollte die Passion Christi, die, schon ehe ich sie aufschrieb, wieder und wieder in den Gemeinden erzählt wurde, schmerzlich verdichten und zuspitzen. Die gute Mär des Evangeliums braucht die Dissonanz, also den Missklang, um nicht seicht und kraftlos zu werden und nicht dahinzuplätschern wie ein in Bälde versiegendes Rinnsal. Kein Kunstwerk, das nicht eine Dosis Gift enthält, kann ein grosses Kunstwerk sein.«

Er blickt mich an. »Ich bin ein Bewohner der hellenistischen Welt. Glaube also nicht, dass ich nichts von den griechischen Dichtern gehört habe, deren Tragödien dem Menschen und seiner Humanität womöglich mehr gedient haben als alle Appelle an die Menschlichkeit und als alle Darstellungen der sicher gefügten Harmonie des menschlichen Seins! So sehr ich mir wünsche, dass die Macht Jesu die Welt vor einem halben Jahrhundert zweifelsfrei, für alle Zeiten und für alle Menschen sichtbar ins Reich Gottes verwandelt hätte, so sehr sehe ich doch auch, dass diese Welt vielleicht dadurch am nachhaltigsten aufgerüttelt und an das Göttliche erinnert wird, dass der strahlende Held den Niedrigkeiten der Welt erliegt, in der das Göttliche nicht überleben kann. Ja«, sagt er, »ich musste über meinen Schatten springen und den Schatten des Kreuzes auf das ganze Leben Jesu werfen, um zu erkennen und auch andere erkennen zu lassen, dass nicht nur Siege, sondern auch Niederlagen glanzvoll sein und auch Katastrophen auf ihre Weise Siege sein und uns Hoffnung geben können. Und zwar im Falle der Tragödie Jesu die Hoffnung, dass weder der Tod noch das Leben Jesu vergebens waren und dass seine Passion die Wahrheit und nichts als die Wahrheit ist. Die Wahrheit, die uns frei macht – so frei, wie er, der Gekreuzigte, trotz aller Angst und Pein war. Und so endet mein Evangelium ohrenzerreissend und herzzerreissend, also ganz ähnlich wie die augenzerreissende Kunst, die du beschreibst.«

Ich antworte: »Ich bin froh, dass dein Evangelium keine fromme Erbauungsliteratur, sondern ein grosses Drama ist, das man erst zu ahnen beginnt, wenn man die Hälfte davon gelesen hat. Ich bin froh, dass man dein Evangelium beim besten Willen nicht als ästhetischen, ethischen, theologischen, pädagogischen oder politischen Kitsch bezeichnen kann – und zwar deshalb nicht, weil es alle Niederungen des Menschseins und des Gottseins durchmisst und schonungslos das Versagen der gegen den Menschensohn kollaborierenden herrschenden religiösen und politischen Moral durchbuchstabiert. Wer sich in den Sog deines Passionsdramas hineinziehen lässt, wird nicht mehr glauben können, dass die Welt durch unser Ethos und durch die humanisierenden Errungenschaften der menschlichen Zivilisation gebessert werden kann. Wer sich in den Sog deines Passionsdramas hineinziehen lässt, wird erkennen, dass die Welt von jemandem erlöst werden muss, dessen Reich nicht von dieser Welt ist. Deine Passionsgeschichte, die die Einsamkeit Jesu bis zur Unerträglichkeit verstärkt, lässt keinen Zweifel daran, dass der Gottessohn deshalb so einsam ist, weil die Liebe, die Treue und der Mut seiner Freunde zwar gross, aber nicht gross genug sind und weil die Menschen – selbst die gläubigsten – so sind, wie sie sind, nämlich Sünder, Kleingläubige und Versager. Aber gerade das Scheitern aller guten Vorsätze und die Erschöpfung aller Kräfte des Glaubens sind es, die das Ethische in Gestalt des Leidens an seiner Abwesenheit auf den Plan rufen. Die Durchkreuzung der Pläne des schlechthin guten Menschen und seine Herauskreuzigung aus dem Raum der Welt ist es, die das Gute als das nichtgegenwärtige Abwesende in diesem Raum gegenwärtig hält. Gegenwärtiger jedenfalls als alle Beteuerungen der allgegenwärtigen Anwesenheit des göttlich Guten, die doch unweigerlich das Schicksal ereilt, erfolglos gegen die Theodizee, gegen den Vorwurf des Zynismus und der Verharmlosung des Unguten ankämpfen zu müssen.«

Und zu mir selbst sage ich: »Die Passionsgeschichte, ›Game of Thrones‹ und die Dramen von Shakespeare und Sophokles sind wahrscheinlich bessere Ethiklehrbücher als Kants ›Kritik der praktischen Vernunft‹. Die Ethik der Bibel ist im Satz ›Gott sei mir Sünder gnädig!‹ vermutlich besser verdichtet als im Dekalog, im Dreifachgebot der Liebe und in den moralischen Imperativen der alarmistischen Empörungsrhetorik unserer Zeit. Der Satz ›Ja, dieser Mensch war wirklich Gottes Sohn!‹ und die zwei Worte ›*Ecce homo!*‹ beinhalten mehr ethische Weisheit als alle Manifeste der Philanthropie und des Humanismus. Die obszönen Exzesse der Unmenschlichkeit, der Gier, des Eros und der Triebhaftigkeit und die illusionslose Beschreibung einer gänzlich gottlosen, moralisch degenerierten Welt sind es, die diejenige Intensität erzeugen, die uns ansaugt und am Ende vielleicht sogar zum Nachdenken über uns selbst, über Gott und über die gottesvergessene Welt bringt. Die ungebrochene Darstellung des Guten dagegen perlt an uns ab, so rührend, so erhebend und so sympathisch dieses Gute auf den ersten und vielleicht auch auf den zweiten Blick erscheint. Und insofern kommt in der Tat der Satz zu seinem Recht, dass nicht nur das, was uns erhebt, sondern auch das, was wehtut und eine klaffende Wunde ist, an Gott erinnert.« Der König sitzt, wie der Künstler Joseph Beuys zu betonen nicht müde wurde, in der Wunde. Oder anders – mit den Worten des Liedermachers Leonard Cohen – gesagt: »There is a crack in everything. That's how the light gets in.«

Markus sieht mich lange an und sagt: »So sehr das Kreuz ein grosses Trauma für mich ist und bleiben wird und so sehr ich mich immer wieder gegen diesen Gedanken wehre, so deutlich steht mir doch vor Augen, dass alle Wege des Evangeliums Jesu unweigerlich ans Kreuz führen müssen, damit mein Evangelium wirklich ein Evangelium des wahren Lebens sein kann.

Wenn Jesus nicht am Kreuz gestorben wäre, hätte ich ihn am Kreuz sterben lassen müssen. Nicht der entrückte Altersweise, sondern nur derjenige, der sein Leben aufs Spiel setzt und es mit dem Tod aufnimmt, hat die Kraft der Auferweckung der Welt und die Kraft zur Beantwortung der Frage, was Wahrheit und Freiheit sind und wie ein Leben im Geist der Wahrheit und der Freiheit aussieht. Was also ist Wahrheit? Und was ist Freiheit? Der Eine, der den Tod starb und der das Leben lebte, das ich durch mein Evangelium unsterblich zu machen versuche, ist die Wahrheit und die Freiheit. Nichts und niemand ist stärker als er. Und weder mir noch jemandem, der nach mir kommt, steht es zu, sich vor ihm zu bücken und ihm die Schuhriemen zu lösen. Und zwar deshalb nicht, weil sein Leben und die Erinnerung an dieses Leben die Kraft haben, seinen Tod in den Schatten zu stellen und der Vergangenheit angehören zu lassen. Ich will dir etwas sagen«, sagt er. »Etwas, von dem ich mich nicht abbringen lasse. Es ist gewiss wahr, dass sich das, was wehtut, in unser Gedächtnis und in das Gedächtnis der Menschheit brennt. Ebenso ist es wie gesagt wahr, dass alle Wege meines Evangeliums ans Kreuz führen. Aber es ist auch wahr, dass sie vom Kreuz und von der Stätte des Kreuzes in Jerusalem zurück und nach vorn ins Leben führen. Dort ist er. Dort, mitten im Leben, ist der Christus meines Evangeliums. Und kein Weg, der nicht vom Kreuz wegführt, wird uns ins wirkliche und wahre Leben führen. Wenn wir auf das Kreuz starren wie das Kaninchen auf die Schlange, wird uns unweigerlich der Tod ereilen, gegen den mein Evangelium geschrieben ist und gegen den Jesus Christus bis zuletzt mit seiner ganzen Lebensleidenschaft gelebt hat. Wenn wir nur auf das Kreuz starren und nicht auch durch das Kreuz hindurch auf das Leben des Gekreuzigten, wird uns keine Ostersonne aufgehen, die das Kreuz in das Licht des Lebens taucht. Ist dir aufgefallen«, fragt er mich, »dass ich einen Wegweiser ans Grab Jesu gesetzt habe? Einen jungen Mann mit einem weissen Gewand, den ich zu den Frauen sagen lasse: ›Geht, sagt seinen Jüngern und dem Petrus, dass er euch vorausgeht nach Galiläa. Dort werdet ihr ihn sehen, wie er euch gesagt hat.‹ Dort! Nicht am Kreuz! Nicht im Grab! Nicht in Jerusalem, wo es enden sollte in Glanz und Gloria! Nicht dort, wo das Schema der Welt mächtiger ist als der, dessen Reich nicht von dieser Welt ist! Nein, dort werden wir ihn nicht sehen, so sehr wir uns auch danach sehnen, dass der Gottessohn als Herr des Diesseits Gestalt gewinnt und im Regimente sitzt. Wir werden ihn vielmehr dort sehen, wo alles anfing. In Galiläa.

In gewisser Weise also habe ich ihn doch zurückversetzt in seine Heimat – dorthin, wo die Erinnerung an ihn am schmerzlichsten, aber auch die Erfahrung seiner lebensverwandelnden Kraft und seiner unzerstörbaren Gegenwart am stärksten war. – Ja, du hast richtig gehört! Unzerstörbar. Sein Leben, das wahre Leben, ist stärker als der Tod. Und die Intensität und die Kraft dieses Lebens haben die Macht, die Wunden zu heilen, die der Tod dem Leben schlägt. Mag Jesus von Nazaret auch getötet worden sein, so kann doch sein Tod seinem Leben nichts anhaben.

So fürchterlich das Trauma seines Todes und so tief die Wunde auch ist, die dieser Tod hinterlässt – am Ende triumphiert das intensive Leben des Gottessohns. Das intensive Leben, das die Quintessenz allen Lebens und die Quintessenz meines Evangeliums ist. Das intensive Leben, das das ewige Leben ist. Das ewige Leben, das er, der Gottessohn, in den tiefsten Tiefen und auf den höchsten Höhen seines Daseins, auf Golgota und auf dem Berg der Verklärung, verkörpert wie kein anderer. Das ewige Leben, das die Wahrheit ist. Die Wahrheit, die dich und mich frei macht. Die Wahrheit, die das Kreuz zum Zeichen des Sieges des Lebens über den Tod werden lässt. Die Wahrheit, die den Stein von unseren Herzen und vom Grab unseres Herrn wälzt.«

9

Als der Sabbat vorüber war, kauften Maria aus Magdala und Maria, die Mutter des Jakobus, und Salome wohlriechende Öle, um hinzugehen und ihn zu salben. Und sehr früh am ersten Tag der Woche kommen sie zum Grab, eben als die Sonne aufging. Und sie sagten zueinander: Wer wird uns den Stein vom Eingang des Grabes wegwälzen? Doch wie sie hinschauen, sehen sie, dass der Stein weggewälzt ist. Er war sehr gross. Und sie gingen in das Grab hinein und sahen auf der rechten Seite einen jungen Mann sitzen, der mit einem langen, weissen Gewand bekleidet war; da erschraken sie sehr. Er aber sagt zu ihnen: Erschreckt nicht! Jesus sucht ihr, den Nazarener, den Gekreuzigten. Er ist auferweckt worden, er ist nicht hier. Das ist die Stelle, wo sie ihn hingelegt haben. Doch geht, sagt seinen Jüngern und dem Petrus, dass er euch vorausgeht nach Galiläa. Dort werdet ihr ihn sehen, wie er euch gesagt hat. Da gingen sie hinaus und flohen weg vom Grab, denn sie waren starr vor Angst und Entsetzen. Und sie sagten niemandem etwas, sie fürchteten sich nämlich.

Markus 16,1–8

»Er ist nicht hier.«

Die Entfernung Jesu ins Nichts

Am dunkler werdenden Himmel nimmt der Glanz des Abendsterns zu. Seit dem Altertum verbindet sich seine Erscheinung mit den Göttinnen der erotischen Liebe und der Schönheit. Bis heute heisst er, der erdnächste Planet, der zu Zeiten auch Morgenstern ist, Venus. In der christlichen Überlieferung symbolisiert der Morgenstern die Nähe des rettenden Gottessohns und dessen lichtvolle Epiphanie in der Nacht der Welt. Diese Symbolik ist eine Frucht der Überzeugung, dass der fremde Himmelskörper, der im Markusevangelium aufgeht, nirgendwo anders hingehört als in den Himmel und dass Christus nicht nur der Erde, sondern den Sternen versprochen ist. Auch die griechische Mythologie hat ihre Lichtgestalten an den Himmel verrückt und ihre Stars zu Sternen geadelt, die selbst in einem wissenschaftlichen Zeitalter noch die Namen tragen, die ihnen die Alten gaben.

»Es gibt einen Evangelisten nach dir«, sage ich zu Markus, »der davon überzeugt war, dass über der Stätte der Geburt des Gottessohns ein Stern geleuchtet haben muss. Ein Stern, der heller war als alle Sterne des Himmels. Ich habe es immer bedauert, dass derselbe Evangelist diesen Stern nicht auch in der Dämmerung des Ostermorgens über dem Grab Jesu leuchten liess. Aber vielleicht zeigt der Jüngling mit dem langen weissen Gewand, den du ins Grab des Nazareners hineingesetzt hast, ja irgendwie doch auf einen Stern, als er zu den Frauen sagt, der Auferstandene werde vor ihnen hergehen nach Galiläa, und sie würden ihn sehen. Du hättest schreiben können: ›Er wird euch leuchten als Stern am Abend, in der Nacht und am Morgen. Er wird euch leuchten, wenn ihr dorthin heimkehrt, wo alles begonnen hat. Er wird euch leuchten, wenn ihr mit der unzerstörbaren Kraft eures Herrn erfüllt sein und zur Gewissheit gelangen werdet, dass der Himmel in euch ist.‹ Wäre dies nicht ein strahlenderes Ende für dein Evangelium und für den so glanzlos untergegangenen Himmelskörper dieses Evangeliums gewesen? Du hättest Maria Magdalena, Maria, die Mutter des Jakobus des Kleinen und des Joses, und Salome einander glückselig in die Arme fallen, sie vor österlicher Freude weinen, auf den Christusstern zeigen und sagen lassen können: ›Er ist auferstanden! Er ist wahrhaftig auferstanden. Halleluja!‹ Aber irgendetwas muss dich davor zurückgehalten haben. Und irgendetwas muss dich auch daran gehindert haben, jene Ostergeschichten zu erzählen, die die Evangelisten nach dir erzählt haben.«

Er blickt in die Ferne des Abendhimmels und schweigt. Dann sagt er: »Vielleicht wäre es zu einfach gewesen, sie zu erzählen. Zu einfach, weil es die Fassungslosigkeit und den Riss, den der Tod dieses Menschen ins Sein machte, zu schnell zum Verschwinden gebracht hätte. Viel zu schnell. Ebenso wie irgendwelche Geschichten von einem wiederbelebten Jesus, der – ganz der Alte – nach seinem Tod den Seinen erscheint und in ihre Mitte tritt, als wäre nichts geschehen. Die Jüngerinnen sagen zu lassen: ›Siehe da, der Stern des Auferstandenen!‹, wäre mir genauso falsch erschienen, wie ihn auftauchen zu lassen aus der Schwärze des Grabes und ihm lichte und heitere Worte in den Mund zu legen, die alle Finsternis vertreiben. Glaube übrigens nicht, dass ich diese Geschichten nicht kenne! Die Geschichten, die sein Ende umschwirren wie Motten das Licht. Die Geschichten, die schon bald nach seinem Tod in den Gemeinden zu kursieren begannen und sich in Windeseile vermehrten. Jesus hier. Jesus dort. Wer wollte ihn nicht alles gesehen haben, den ins Leben zurückgekehrten Menschensohn! Wer wollte sich nicht alles hervortun und durch eine besonders glaubwürdige Auferstehungsgeschichte wichtiger machen als andere, die eine solche Geschichte nicht erzählen konnten oder es nicht wagten, dem Gekreuzigten mit einer solchen Geschichte zu nahe zu treten! Selbst jene, die zu seinem innersten Freundeskreis gehörten, waren sich nicht zu schade, um den Platz in der grösstmöglichen Nähe Jesu zu rivalisieren und die grösstmögliche Vertrautheit mit ihm für sich zu reklamieren. Von Anfang an haben diejenigen, die aufgrund dieser besonderen Nähe eine besondere Autorität in der Urgemeinde für sich beanspruchen wollten, miteinander gestritten: Maria Magdalena, Petrus, die Zebedäussöhne. Ach, es ist eine traurige und unwürdige Geschichte! Und es ist besser, ich erzähle sie nicht.«

Er schweigt. Er, der grosse Geschichtenerzähler, der am Ende seines Evangeliums keine Geschichte mehr erzählt, sondern dem Unfassbaren Raum gibt. Er, der grosse Geschichtenerzähler, der der Versuchung widersteht, die Wirklichkeit der Auferstehung in mediterraner Vollmundigkeit als Wiederbelebung reisserisch in Szene zu setzen, zu popularisieren und zu trivialisieren. Er, der

Künstler des Wortes, der nichts tut, um dem Ende und der Abwesenheit Jesu mit üppigen Bebilderungen einer anderen Anwesenheit den Schrecken zu nehmen. Er schweigt. Nicht nur am Ende seines Evangeliums, dessen blutroter Faden im letzten Vers ebenso unvermittelt abreisst wie Johann Sebastian Bachs »Kunst der Fuge«. Er schweigt auch jetzt. Und auf einmal spüre ich eine grosse Störung im Kraftfeld, das ihn zu umgeben scheint, seit ich mich ihm erstmals angenähert habe und seit er mir unversehens erschienen ist.

Sollten ihn am Ende seines Evangeliums der Mut und der Glaube verlassen haben? Sollte die Gewissheit des endgültigen Todes Jesu am Ende doch stärker gewesen sein als die Gewissheit, er habe den Tod besiegt – und zwar nicht nur dadurch, dass er ihn in welchem Gemütszustand auch immer durchlitt? Blieb Markus einzig und allein die Hoffnung, dass die Sache Jesu weitergehen und dass die Jüngerinnen und Jünger in Galiläa neue Kraft schöpfen und die unauslöschliche Gegenwart ihres Herrn erfahren würden? Was sonst könnte dafür sprechen, dass er seiner Schrift ein derartiges Ende gab? Ein Ende mit Schrecken, das ein Schrecken ohne Ende, ein ungläubiges Staunen und eine klaffende Wunde ist. Ein Ende, mit dem schon die frühe Christenheit nicht leben konnte, die daher an den ursprünglichen Schluss des Markusevangeliums ein besänftigendes Arrangement von Auferstehungsgeschichten aus allen anderen drei Evangelien stellte. Der sogenannte sekundäre Markusschluss zeugt davon, wie schwer es von Anfang an gewesen sein muss, dieses jähe, christusverlassene und gottesfurchterfüllte Ende auszuhalten, ohne sich mit Gegenbildern trösten zu können. Gegenbilder, die für Markus offenkundig zu viel des Guten gewesen wären und aus dem gewissermassen modernen Kunstwerk des primären Markusschlusses ein triumphales, am Ende vielleicht sogar kitschiges Rokokofresko gemacht hätten.

Markus schweigt. Und während er schweigt und während ich nachdenke, drängt sich mir eine weitere Frage auf, mit der ich sein Schweigen unterbreche: »Glaubst du daran, Markus, dass das Grab Jesu leer war? Du erzählst in deinem Evangelium so viele Geschichten von Heilungswundern und Dämonenaustreibungen. Du lässt dein Evangelium so siegesgewiss und fulminant anheben. So zweifelsfrei. So licht und hehr. Warum lässt du es nicht auch so enden? Warum überbietest du mit dem Ende nicht den Anfang? Warum gönnst du, wenn es die Auferstehungsgewissheit war, die den Glauben der Christenheit begründete, deinem strahlenden Helden nicht zumindest noch einen einzigen Auftritt, der alle Zweifel daran getilgt hätte, dass dieser Held nicht nur Herr über die unreinen Geister und über die Sünde, sondern auch über den Tod ist? Warum lässt du seine Jüngerinnen und uns mit dieser gähnenden Leere zurück? Warum ist das Einzige, was du von der Auferstehung Jesu erzählst, die Beteuerung Jesu, der Menschensohn werde nach drei Tagen auferstehen, und die Versicherung des Jünglings am Grab, Jesus sei auferstanden und die Jüngerinnen und Jünger würden ihn in Galiläa sehen? Warum verrückst du die Erscheinungen des Auferstandenen derart vage in die Zukunft und in die Erinnerung an die Vergangenheit? Warum überlässt du die Gegenwart des Gottessohns am Ende so seltsam und zaghaft dem Nichts? Gewiss: Dieses Nichts ist besser als das Nichts, das am Ende der Verwesung des toten Jesus gestanden hätte. Es ist immerhin ein Schimmer der Hoffnung, von dem ich allerdings nicht weiss, ob er dem Schimmer gleicht, den die untergegangene Sonne in der Nähe des Horizonts am sich verdunkelnden Himmel hinterlässt, oder ob es der erste Schimmer des Morgenlichts ist. Hast du den gekreuzigten Gottessohn ins Nichts entfernt, weil dieses Nichts besser als nichts ist und weil dieses Nichts das Einzige ist, das du der Gewissheit der Vernichtung Jesu entgegenzusetzen vermochtest? Muss der Fremde deines Evangeliums, der aus dem Nichts kam, am Ende wieder in dieses Nichts zurück, weil das Nichts das reinere, von der Armseligkeit und Tödlichkeit des Daseins unbeflecktere Sein ist? – ›Er ist nicht hier!‹, lässt du den Engel im Grab sagen. Ist dieser Satz die eigentliche gute Nachricht deines Evangeliums – entweder, weil er zum Ausdruck bringt, dass Jesus und seine Jüngerinnen und Jünger nirgendwo anders zu neuem Leben erweckt werden können als im erinnerungserfüllten Galiläa, oder weil er sagt, dass der Christus nicht einfach nicht mehr da, nämlich tot ist, sondern dass die Kräfte, Mächte und Gewalten des Seins und des Todes nicht die Kraft haben, seiner Herr zu werden? Als du, der Fremde aus der Vergangenheit, erstmals in meine Gegenwart kamst – oder vielmehr ich in deine Gegenwart kam –, sagtest du, Christus, dieser fremde Himmelskörper, sei in der unendlichen Leere des Nichtseins des Auferstandenen besser aufgehoben als auf der Erde, wo man sich über ihn hermachen, ihn für welche Zwecke auch immer benutzen und missbrauchen kann – und sei es durch abgöttische Verehrung. Ist das Nichtsein Jesu am Ende die Erlösung? Oder warum sonst erzählst du im letzten Kapitel deines Evangeliums keine andere Wundergeschichte als die Geschichte vom leeren

Grab? Glaubst du denn überhaupt, dass es leer war, das Grab?«

Er schweigt. Dann schüttelt er langsam den Kopf. »Ich habe es dir bereits gesagt. Menschen glauben an Jesus, weil sie an ihn glauben. In ihm erfahren sie die stärkstmögliche und intensivste Gegenwart des Menschlichen und des Göttlichen. Ich habe die ersten Christinnen und Christen noch kennenlernen können. Sie waren felsenfest davon überzeugt, dass diese intensive Präsenz niemals der Vergangenheit angehören kann. Sie waren felsenfest davon überzeugt, dass kein Fels der Welt ihren Herrn im Grab hätte halten und daran hätte hindern können, die Tür zum Grab zu durchschreiten. Und dieser Überzeugung verliehen sie dadurch Ausdruck, dass sie einander Auferstehungsgeschichten erzählten. Ob das Grab leer war oder nicht, tut also nichts zur Sache. Es tut nichts zur Sache, ob der Leichnam gestohlen wurde oder ob Jesus in seinem Höhlengrab verweste. Nichts, verstehst du?«

»Tut es wirklich nichts zur Sache?«, frage ich ihn und zugleich mich selbst und meine Gegenwart. Es gibt in dieser Gegenwart theologische Tabus, an denen man ablesen kann, wann jemand den Weg der sogenannten wissenschaftlichen Seriosität verlässt. Die Idee der Historizität der Auferstehung ist ein solches Tabu. Ein anderes Tabu ist die Vorstellung, dass Wunder als Ausserkraftsetzungen der Naturgesetze begriffen werden müssen. Auch der Glaube an die leiblich-individuelle Wiederkunft Jesu in der Zukunft ist ein Tabu. Und ganz sicher ist auch die Auffassung ein Tabu, das Evangelium des Markus und seine Erzählung vom leeren Grab könnten als Reflex einer tatsächlich und naturwissenschaftlich detektierbar geschehenen Auferstehung gelesen werden. Wer diese

Tabus bricht, katapultiert sich aus den Zirkeln der ernst zu nehmenden akademischen Theologie und der aufgeklärten liberalen Volkskirche meiner Zeit heraus. Es gibt ein heimliches oder vielmehr unheimliches Arrangement zwischen dem naturwissenschaftlichen Zeitgeist und der zeitgenössischen Theologie. Letztere hat sich stillschweigend darauf verständigt, dass der Glaube an die Singularität Jesu nicht grösser sein darf als der Glaube an die Naturgesetze, die dem modernen Menschen allenfalls in seinem Bewusstsein und in seiner Psyche einen gewissen Raum lassen, Wirklichkeit zu deuten und sinnstiftend zu bewältigen. Wobei dies aus der Sicht der sogenannten exakten Wissenschaften nichts daran ändert, dass Jesus von Nazaret ein sterblicher Mensch und nicht die Offenbarung des schöpferischen Geistes des Kosmos und der menschlichen Bestimmung zum ewigen Leben war. Theologische Deutungen Jesu sind in den Augen besagter exakter Wissenschaften so lange harmlose Märchen und keine ernsthafte Anfechtung, wie sie nicht zu Legitimationen menschenrechtsverletzender religiöser Gewalt werden oder allzu aggressiv postfaktische, naturwissenschaftskritische Naturverständnisse zu etablieren trachten. Der Glaube an Wunder und an singuläre göttliche Helden, von denen die Mythologien und Religionen aller Zeiten zehren, muss damit leben, aus der Sicht der Naturwissenschaften und letztlich eben auch aus der Sicht der modernen Theologie selbst nur als Fiktion geduldet werden zu können. Dort, in der Fiktion, hat er den letzten geschützten, gleichwohl gelegentlich belächelten Ort gefunden, an dem sich die kindliche Hoffnung, dass nicht die Welt, wie sie ist, sondern Gott und sein Reich das Allerwirklichste sind, noch entfalten darf, ohne als hirnverbrannt zu gelten. Naturwissenschaftler wie Theologinnen und Theologen können guten Gewissens und guter Dinge in diese Fiktion fliehen. Sie können sich an Science-Fiction-Filmen, an Fantasy-Literatur und sogar an der Bibel begeistern. Solange sie nur beide Sphären sorgfältig trennen, laufen sie nicht Gefahr, für unseriös gehalten zu werden. Beschlossene Sache aus der Sicht nüchterner, weltentzaubernder Rationalität freilich ist, dass Science Fiction und Fantasy ebenso wie das Evangelium gute, neue Mär, also märchenhaftes *wishful thinking* und nichts sonst sind.

Und doch leben wir, solange wir atmen, von der Hoffnung, dass das Wunder geschieht – und zwar nicht nur am Heiligen Abend, in Tolkiens Mittelerde und in den Arenen der Champions League, sondern diesseits der Fiktion und des Spiels, also dort, wo die empirischen und existenziellen Radarfallen aufgestellt sind. Wir leben von der Hoffnung, dass das Wunder geschieht, dass Gott nahe und das Grab leer ist und dass Himmel und Erde vollgesogen sind mit jener Macht, die alles zum Guten fügt und mit uns ist bis ans Ende aller Tage und darüber hinaus. Wir leben von der Hoffnung auf dieses Wunder, weil wir ahnen, dass ohne das göttliche Wunder und ohne den Sieg des Lebens über den Tod alles nichts ist. Wir leben von der Hoffnung, dass die Lakoniker und Zyniker dieser Welt am Ende nicht das letzte Wort haben. Die Lakoniker und Zyniker, die wie Han Solo in »Star Wars« auf die Frage »You don't believe in the Force, do you?« antworten: »Kid, I've flown from one side of this galaxy to the other. I've seen a lot of strange stuff, but I've never seen anything to make me believe there's one all-powerful Force controlling everything. There's no mystical energy field that controls my destiny.« Wir leben davon, dass wir selbst, deren lakonischer und zynischer Menschenverstand ja manchmal keineswegs anderer Meinung ist als Han Solo, am Ende bekehrt werden, die Knie beugen und uns gesagt sein lassen, was Obi-Wan Kenobi zum jungen Luke sagt, der nicht von ungefähr den Hoheitstitel »Skywalker« trägt: »Remember, the Force will be with you, always!« Die Kraft wird mit dir sein – alle Tage bis an der Welt Ende!

»Glaubst du an diese Kraft, Markus? Glaubst du wirklich an sie? Glaubst du, dass diese Kraft nicht nur in der schwachen Kraft der Christenheit, sondern auch ausserhalb unserer selbst mächtig ist? Glaubst du, dass diese Kraft in den Kräften und Atomen des Kosmos wirkt und als Kraft des Geistes Gottes alles zum Guten wendet und heilt – so, wie der Christus deines Evangeliums die Menschen heilt, die zu ihm kommen? Glaubst du daran, dass Jesus Christus, der Sohn Gottes, der wahre Skywalker ist, der allmächtig über den Himmel wandelt und alle Macht des Himmels und der Erde hat? Glaubst du an die Gegenwart des Auferstandenen und daran, dass es die Wahrheit ist, dass Gott den Stein von unserem Grab rücken kann? Oder ist dein Zweifel an der Herrlichkeit deines getöteten Herrn am Ende mächtiger als der Glaube, der am Anfang deines Evangeliums doch so stark ist?«

Er sagt: »Ich glaube an Jesus Christus, den Sohn Gottes. Ich glaube, und der Herr möge meinem Unglauben helfen und mir die Sünde vergeben, dass ich mich nicht zu einer Art Auferstehungspornografie habe aufraffen können, die so tut, als wäre nach Golgota nichts anders als zuvor und Jesus von Nazaret nach wie vor essend, trinkend, seine Notdurft verrichtend, schlafend und atmend gegenwärtig. Ich glaube an Jesus Christus. Und ich habe ihn deshalb ins Nichts verrückt, weil ich nur so Ernst damit machen konnte, dass er nicht als Untoter an einem bestimmten Ort, sondern wie sein göttlicher Vater allüberall und zugleich nirgendwo ist. So sehr nirgendwo, dass es einem Angst werden kann in der Leichengruft dieses Alls. Und so sehr allüberall, dass seine Kraft von Galiläa aus auf alle Zeiten und Welten wirken und so auch ausserhalb von Galiläa gegenwärtig sein kann bis ans Ende der Welt. Ins bilderlose Nichts und zugleich ins gesamte All also habe ich ihn entrückt. Und vielleicht wird er, mein Herr, mir diese verrückte Entrückung vergeben und erkennen, dass mehr weniger gewesen wäre und das jede Bebilderung seiner Zukunft über den Tod hinaus das Geheimnis seiner allgegenwärtigen göttlichen Existenz gewissermassen in den Schmutz von Trivialität, Frivolität und Provinzialität gezogen hätte. Nein, ich musste es so enden lassen, mein Evangelium. Das war ich mir und das war ich ihm schuldig. An dieser einen, entscheidenden Stelle wollte ich keine Geschichte erzählen. Vielleicht habe ich das Darstellungsproblem der gleichzeitigen Anwesenheit und Abwesenheit Jesu Christi nicht gut und nicht wirklich theologisch überzeugend gelöst. Aber ich habe es zumindest versucht. Ich habe versucht, das Kreuz als Warnung aufzustellen für jene, die glauben, die Wahrheit und Intensität des Lebens Jesu sei grösser, wenn dessen Macht nicht durch die Mächte der Welt gebrochen wird. Und ich habe versucht, die Auferstehung als Warnung für jene aufzustellen, die nur dem Wort vom Kreuz und vom Leiden und Sterben Jesu Glauben schenken. Zugleich habe ich auch noch eine andere Warnung aufgestellt: eine Warnung für jene, deren Glaube hinfällig wird und zusammenbricht, sobald sie nicht mehr an die leibliche Auferstehung Jesu glauben können. – Und ja, ich habe, indem ich am Ende meinerseits dem Bilderverbot und dem Schweigegebot gehorche und auch die Jüngerinnen Jesu niemanden etwas von diesem Ostermorgen sagen lasse, meinem nagenden Zweifel einen Ort gegeben – meinem Zweifel, ob der Geist Jesu Christi sich tatsächlich in dieser Welt durchsetzen kann und ob das Reich Jesu Christi wirklich von dieser Welt ist. Wenn das Reich Jesu Christi ein Reich wie das römische, das babylonische oder das ägyptische Reich wäre, dann wäre es nicht das Reich Jesu Christi, fürchte ich. Es wäre nichts Neues und nichts anderes als die Reiche dieser Welt. Es wäre die ewige Wiederkehr des Ewiggleichen und vor allem die ewige Wiederkehr von Brutalität und tödlicher Gewalt. Und deshalb habe ich es nicht übers Herz gebracht und bin der Verführung nicht erlegen, meinen Herrn der Verunreinigung durch die Mächte der Welt zu überlassen.« Er blickt mich an. »Vergib mir, aber ich musste das leere Grab erfinden. Christus kann nur für die Welt da sein und sein Reich aufrichten, wenn er nicht da ist – sei es als Lebender oder als Toter. Er darf nicht hier sein, weder als Wiederbeleber noch als Toter, um als Gottessohn und als Gotteskraft da sein zu können. Nur als einer, der ins Nichts entfernt und zugleich in meinem Evangelium allen nahe ist und allen Kraft gibt, kann er der Eine sein – der Eine, zu dessen Existenz und zu dessen Bestimmung es gehört, einsam, von der Welt getrennt und gerade so der Heilige Gottes zu sein. Ich weiss, dass es schwer ist, jemandem nachzufolgen, der nicht mehr da ist. Aber andererseits denke ich mir, dass vielleicht nur jemand Nachfolge verdient, der nicht von dieser Welt ist, weil nur einer, der nicht von dieser Welt ist, die Welt retten und die Welt mit Hoffnung erfüllen kann. Gewiss: In den Augen der Welt scheint das ganz Andere, das nicht von dieser Welt ist, überhaupt keine Macht zu haben, weil es ja eben nichts ist mit ihm. Und doch glaube ich felsenfest daran, dass der, den ich ins Nichts, den letzten Unort des ewigen *homo sacer*, entfernt habe, als Gegenmacht gegen das Sein, als Kraft des Glaubens und als Heiliger Geist mächtiger ist als die Mächte, Reiche und Geister dieser Welt. Ich weiss wohl, dass der Preis dieser Entfernung ins Nichts hoch ist. Er könnte nämlich darin bestehen, dass der Entfernte sich irgendwann gänzlich verflüchtigt, aus dem Gedächtnis der Menschheit weicht und nicht mehr erinnert, geschweige denn kraftvoll vergegenwärtigt wird. Der, der nicht hier ist, droht ja zweifellos eher als jene Mächte, die unser Dasein allgegenwärtig bestimmen, dem Vergessen anheimzufallen und keine Zukunft mehr zu haben. Ja, der Glaube an die Auferstehung des Gottessohns und an die Kraft seines Geistes ist ein zweischneidiges Schwert, weil seine Nähe, seine Ferne und sein Nichtsein am Ende nicht voneinander zu unterscheiden sind. Und dennoch: Ich konnte ihn nicht anders retten, den Heiligen meines Evangeliums, als ihn ins Nichts zu entrücken. Und indem ich dies getan habe, habe ich seinen Tod und seine Göttlichkeit, seine Ferne und seine Nähe, seine Anwesenheit und seine Abwesenheit so ernst genommen, wie es mir möglich war, ohne den Glauben und ohne den Unglauben zu verlieren, der mich umtreibt und hin und her wirft.«

10

Unterwegs fragte er seine Jünger: Für wen halten mich die Leute? Sie sagten zu ihm: Für Johannes den Täufer, andere für Elija, wieder andere für einen der Propheten. Da fragte er sie: Und ihr? Für wen haltet ihr mich?

Markus 8,27–29

Die Wiederkehr des Fremden vom Himmel

Jesus Christus morgen und in Ewigkeit

Der Mann, den ich Markus nenne, wendet seinen Blick vom Abendstern. Er schaut mich an. Zugleich ist mir, als starre er durch mich hindurch und in sich hinein. Er legt die Hand auf sein Evangelium, als wolle er es für seine Reise durch Zeit und Ewigkeit segnen, und sagt geradezu beschwörend: »Was ich geschrieben habe, habe ich geschrieben.« Dann fragt er: »Was denkst du? Wird das, was ich geschrieben habe, noch Anziehungskraft in einer Zeit nach deiner Zeit haben? Was glaubst du? Wie ist es um die Zukunft meines Evangeliums in einer Zeit bestellt, die für mich und für dich zu fern ist, als dass wir beide sie uns vorstellen könnten? Wird der Geist meines Evangeliums auch in einer unfassbar fernen Gegenwart noch die Kraft und die Energie haben, die Welt zu bewegen?«

Ich zögere. Eigentlich möchte ich seine Frage bejahen, ihn beruhigen und beschwichtigend sagen: »Aber natürlich! Dein Evangelium und der Gott, dem du darin eine menschliche Gestalt verliehen hast, werden gewiss auch in Zukunft noch Anziehungskraft und nicht weniger Zukunft haben als zu deiner Zeit. Denn für das Licht des menschlichen Lebens, das du in ein göttliches Gewand gekleidet hast, ist es ein Leichtes, die Raumzeit zu durchmessen und selbst in eine ferne Zukunft hineinzuleuchten.«

Zugleich liegt mir ein Nein auf den Lippen. Und so sage ich ihm, dass ich sehe, wie die Gravitation des Mannes aus Nazaret trotz aller Unzerstörbarkeit des Bildes seiner Person allmählich schwächer wird und abnimmt. Ich verhehle ihm nicht, dass ich befürchte, dass die Singularität Jesu und seines Evangeliums sozusagen zerstrahlen und dass die Schwerkraft der trostlosen Realität alle Höhenflüge des Glaubens an den Sohn Gottes auf den Boden der Tatsachen hinabziehen könnte.

»Leider sehe ich«, sage ich, »wie die Gottesgewissheit schwindet und wie sich an ihrer Stelle die illusionslose Überzeugung breit macht, dass es nichts ist mit der endzeitlichen Rettung der Welt. Ich spüre zunehmend, wie mir die Angst ans Herz greift, dass Gott gescheitert sein, ja überhaupt nicht existieren und daher am Ende nicht das Reich Gottes, sondern die Vernichtung alles Seins stehen könnte. Und ich merke, wie wenig Hoffnung mir die Tatsache gibt, dass im Lauf der Geschichte immer wieder Menschen im Namen Christi, im Namen des Heiligen Geistes und in jüngster Zeit im Namen des Planeten Erde aufgestanden sind, um die Rettung der Welt selbst in die Hand zu nehmen. Im Gegenteil.« Ich halte inne und lächle ihn an. »Aber inmitten meiner Beklemmung und inmitten meiner Illusionslosigkeit fühle ich auch etwas anderes, für das ich keinen Beweis, kein empirisches Indiz und keinen Grund habe. Ich fühle, dass es nicht sein kann, dass das Evangelium des Nazareners nicht die Wahrheit ist. Ja, ich sehe, wenn ich die Menschen meiner Zeit vor mir sehe, Schafe, die keinen Hirten haben. Ich sehe gottesvergessene Wesen vor mir, die ihren Frieden damit gemacht haben, dass das, was ist, alles ist und dass nur das wirklich ist, was Menschen durch die Kraft ihres Denkens und Handelns verändern können. Aber ich sehe auch Geschöpfe voller pulsierender spiritueller Energie.« Und ich möchte wie der weise Jedi-Meister Yoda, den Markus nicht kennt, angesichts des Homo sapiens ausrufen: »Luminous beings are we! Not this crude matter!«

»Ich sehe Geschöpfe«, sage ich zu Markus, »deren Glanz dem Augenschein spottet, Geist sei nur Materie und es habe keine eschatologische Bewandtnis mit der Ahnung unseres Bewusstseins, wir könnten vielleicht doch nicht nur Sternenstaub, sondern lichtvolle Seelen und Geschenke des Himmels sein. Ich sehe Geschöpfe, die von einer ungeheuren Sehnsucht nach Leben, nach Kraft, nach Tiefe und nach Intensität, vielleicht sogar nach Gott angetrieben werden. Zugleich sehe ich – jedenfalls im Herz des ehedem christlichen Abendlands – Kirchen, die immer leerer werden, weil die kraftlosen christlichen Gemeinschaften, die sich darin versammeln, der Schwerkraft der Alltagserfahrung kein spezifisches Gewicht entgegenzusetzen haben. Kein spezifisches Gewicht, dessen Gravitation grösser ist als die Last, die die Menschheit mit sich herumträgt. Und auch kein spezifisches Gewicht, das die Vergänglichkeit zu bremsen und die Kontingenz zu bewältigen vermöchte, deren Erfahrung durch das Verschwinden der Rituale aus dem Glauben der Einzelnen und aus dem Glauben der Kirche erbarmungslos vergrössert und verstärkt wird. Ich sehe, dass die Volkskirche meiner Zeit vielleicht doch keine Zukunft mehr hat, weil sie bleich, blass, leichtgewichtig und wankelmütig geworden ist wie ein Papierschiffchen im Wind, das keinem Sturm und keiner Welle mehr zu trotzen und das sich in keinem göttlichen Grund mehr zu verankern und zu beheimaten vermag. Ich sehe, dass nicht nur die Volkskirche, sondern die gesamte Menschheit Gefahr läuft, zugrunde zu gehen – und zwar an sich selbst, dem einzigen natürlichen oder vielmehr unnatürlichen Feind, den sie und ihr blauer Planet hat.«

Und ich denke mir, wie unnatürlich es doch ist, dass eine intelligente Spezies ihre Intelligenz und ihre Lebensenergie darauf verwendet, ihre eigenen Lebensgrundlagen unablässig und geradezu systematisch zu zerstören. So unnatürlich, dass man die Entstehung von Intelligenz nicht für den Königsweg, sondern eigentlich nur für eine Sackgasse der Evolution halten kann. Der Mensch ist eine groteske Spezies, denke ich. Eine Spezies, die zwar zumindest teilweise dem dumpfen tierischen Vegetieren, aber nicht ihrer eigenen Niedrigkeit und ihrer Blindheit entronnen ist und daher eines Tages wahrscheinlich an dieser Niedrigkeit und an dieser Blindheit zugrunde gehen wird. Eigentlich, so denke ich, wäre der sicherste Weg zur Rettung des Weltklimas die Auslöschung des Homo sapiens.

Dann wieder denke ich mir, dass wir uns nicht schlecht gehalten und das Beste aus einer bizarren Koinzidenz der Evolution gemacht haben, die uns mit Geist versehen und dem Universum die Augen über sich selbst geöffnet hat, ohne damit auch unseren Lebenszerstörungstrieb aus uns austreiben zu können. Es gibt zwar viel Grauen und viel Furchtbares, denke ich mir. Und es ist nicht ausgemacht, dass es eines nahen oder fernen Tages besser wird und dass wir das Schlimmste verhindern. Aber es könnte schlimmer sein. Viel schlimmer. Angesichts der Tatsache, dass der Homo sapiens vielleicht doch eine Fehlkonstruktion ist, schlägt er sich tapfer, und es funktionieren trotz aller Unmenschlichkeit die humanisierenden und zivilisierenden Instrumente und Warnsysteme unserer Kultur überraschend gut.

Und dennoch wüsste ich gern von meinem Gesprächspartner, was wir tun sollen angesichts der kraftloser werdenden Volkskirchen Europas und angesichts eines Gottes, der hinter dem Horizont meiner Gegenwart allmählich untergeht. So, wie der Abendstern, der noch vor wenigen Augenblicken vor Markus und mir am Himmel stand. Ich wüsste gern, was wir tun sollen, damit Gott und sein Christus Zukunft haben in unserer Welt. Aber so gerne ich das wüsste, so sehr zweifle ich daran, dass ein Mann aus einer so fernen Vergangenheit mir helfen kann – zumal mir dieser Mann soeben selbst die zweifelnde Frage gestellt hat, ob Christus über seine und über meine Zeit hinaus noch Zukunft hat. Andererseits ist aber ja auch Christus ein Mann aus einer fernen Vergangenheit. Und von wem, wenn nicht von ihm sollte uns die Rettung kommen? Und so frage ich Markus, was ich mich selbst immer wieder frage. Ich frage ihn, was wir tun sollen, damit Christus der Welt nicht verloren geht.

Markus sagt – erst zögerlich, dann immer bestimmter und immer bestimmender: »Du sorgst dich um die Erde und um die Menschen. Und du sorgst dich auch um den Gott dieser Erde und dieser Menschen. Auch ich tue das. Denn ist nicht mein Evangelium irgendwie auch ein Aufbäumen gegen die Befürchtung, Gott könnte den Dämonen der Wirklichkeit unterlegen und der Glaube an ihn schwächer sein als die Gewissheit der Vergänglichkeit dieses schwachen und zerbrechlichen Lebens? Ist nicht mein Evangelium irgendwie auch ein Zeugnis davon, dass der Mensch eine Fehlkonstruktion und zugleich keine Fehlkonstruktion ist? Denn es gibt ja doch einen Menschen, der alle Möglichkeiten, alle Macht, allen Glanz und alle Schönheit der Menschheit und alle Hoffnung auf die Kraft Gottes und dessen Macht über die Dämonen in sich vereint. Deshalb habe ich ihn so herausgestellt, den intensiv seienden, heilenden, leidenden und lebenden Menschen Gottes, der die wahre Intensität des Menschlichen und die wahre Intensität des Göttlichen verkörpert und offenbart. Ecce Homo!«

Seine Augen blitzen. »Ich will dir einen Rat geben. Sieh ihn an, den Menschen! Sieh seine Abgründe an, die den Gottessohn ans Kreuz bringen! Sieh seine Höhen an, die sich in Christus auftürmen! Halte dir und deiner Zeit den wahren Menschen Gottes vor Augen! Tue es kompromisslos! Unterstreiche die Nähe und die Distanz, die Zugewandtheit und die Differenz, die Andersheit und die Heiligkeit! Mache ihn so schwer, wie ich ihn gemacht habe, den Menschensohn, der der Sohn Gottes ist! Und mache es so leicht, wie es nur geht, das göttliche Kind! Das göttliche Kind Jesus von Nazaret, das allein die Welt retten und es mit den Dämonen des Kosmos aufnehmen kann – durch sein Erbarmen, durch seine Unschuld, durch seinen Zorn, durch seine unbändige Kraft, durch seine souveräne Freiheit und durch seine rückhaltlose Leidenschaft für das Leben. Und wenn sie zu schwach dafür werden, das göttliche Kind und der Mann aus Nazaret, um deine Zeit und die Zeiten nach dir in ihren Grundfesten zu erschüttern und ihrer Erdenschwere zu entreissen, dann finde andere Gestalten, um den Gottmenschen Gestalt gewinnen zu lassen und gegenwärtig, gravierend, intensiv und unwiderstehlich zu machen! Und zwar so gegenwärtig, gravierend, intensiv und unwiderstehlich, dass die Furcht vor dem Nichtsein Gottes angesichts des grossen Wunders der göttlichen Gegenwirklichkeit mit weit aufgerissenem Mund verstummt.«

Er fragt mich: »Ist dir aufgefallen, dass ich Jesus fragen lasse: ›Wer sagen die Leute, dass ich sei?‹? Und ist dir auch aufgefallen, welch bizarre Frage das ist? Wenn ich dich frage, wer du bist, wirst du mir deinen Namen sagen. Und wenn du mich fragst, wer ich bin, werde ich dir meinen Namen sagen. Wer sonst, wenn nicht Jesus, sollte Jesus sein? Und doch ist die Wahrheit eine andere. Denn die Menschen, die Jesus begegneten, waren davon überzeugt, dass Jesus von Nazaret nicht allein Jesus von Nazaret war. Sie waren davon überzeugt, dass er nicht nur der war, der er war, sondern dass er eigentlich ein anderer, nämlich der Christus war. Und sie hatten recht. Weil aber Jesus von Nazaret der Christus ist, kann er nicht nur als Jesus von Nazaret, sondern auch als ganz Anderer in Erscheinung treten. Weil er die heilige Quintessenz aller Dinge und aller grossen, erlösenden Erzählungen ist, kann er auch in einer ganz anderen, neuen Erzählung das Licht der Welt erblicken und das Licht der Welt sein. Verstehst du? Wenn du ihn einmal als Gott erkannt hast, wirst du ihn immer wieder erkennen und du wirst instinktiv wissen, dass dich Gott und nichts und niemand anderes angerührt hat. Was wirklich Gott ist, kann auf vielerlei Weise wiederkehren und wird in all diesen Weisen Gott sein – derselbe Gott gestern, heute, morgen und in Ewigkeit. Derselbe Gott, der wiederkehren kann als weises Rauschen des Windes in einer sternenklaren Nacht voller Weltraum. Als Gesang der ersten Vögel in der Frühe des Morgens. Als etwas, das uns anrührt und uns erzittern und innehalten lässt bei den Geschäften, die wir tätigen. Als Geist, der losgelöst von einer Person fühlbar gegenwärtig in uns und zwischen uns am Werk ist. Weil Christus als Wesen, als Seele und als göttliches Geheimnis aller Dinge durch die Geschichte und durch die Geschichten wandert, kann er in unterschiedlichster, unvorhersehbarer Gestalt ins Dasein treten. Du musst nur Augen haben, ihn zu sehen und ihn sichtbar zu machen für jene, die ihn nicht zu sehen vermögen oder anders nennen. Und du musst das, wovon wir angeweht werden, wenn sich seltsam fügt, was sich jeder Verfügbarkeit entzieht und jeder Logik zu entbehren scheint, in eine Person zurückverwandeln. Du musst das, was uns ergreift, wenn uns die Wirklichkeit ihre andere Seite zukehrt, als Geist einer Person wiederverkörpern. Denn der Geist Jesu Christi ist, so glaube ich, für uns am stärksten, am intensivsten und am wirklichsten, wenn er sich als wirklicher Mensch vergegenwärtigen und wenn er als inkarnierter Archetypus, gewissermassen als fleischgewordener Ursprung aller Dinge so aus dem Nichts ins Sein treten kann, wie Jesus aus dem Nichts von Nazaret ins Sein trat. Schäme dich also nicht, ihn auferstehen zu lassen aus der Asche des Abendlandes, das – wie du sagst – vielleicht vergessen hat, dass es einmal seinen Namen trug. Schäme dich nicht, die Intensität Gottes zu verfremden und zu verkleiden, bis niemand sie wiedererkennt und vielleicht gerade darum faszinierend, wahr, welterschütternd und weltverzaubernd findet! Habe

Mut, dich dafür deines sehnsüchtigen imaginierenden Verstandes und aller divinatorischen Ernsthaftigkeit zu bedienen, zu der du fähig bist! Und vergiss nicht, pathetisch zu sein! Wirklich pathetisch, meine ich, nicht peinlich pathetisch. Denn das echte, aufrichtige, vom Göttlichen angerührte Pathos vermag das versteinerte Herz dieses Äons zu erweichen. Habe den Mut, in einer Welt, in der es nurmehr lächerliche, anmassende und hohle Letztinstanzlichkeit gibt, Letztinstanzliches zur Sprache zu bringen und an den Letzten zu erinnern, der der Erste ist! Wisse aber zugleich, dass du wie Johannes der Täufer nur ein Vorläufer des Letzten sein, nur Vorletztliches reden und nur mit Gesten des Vorletzten auf den Letzten zeigen und den Letzten vergegenwärtigen kannst.«

Mir ist, als fasse er mich an und als rüttle er an mir, als er sagt: »Ich bitte dich inständig: Tue dies beharrlich und ohne Unterlass! Erinnere unentwegt und unverdrossen an ihn! Und fürchte dich vor allem nicht! Fürchte dich nicht, dass du mit deinen Imaginationen des Letzten zu dick auftragen und dass du dir und der Welt diesen Letzten nur einbilden könntest! Fürchte dich nicht! Er selbst wird dafür sorgen, dass das, was du sagst, wahr ist. Er selbst wird dafür sorgen, dass du die Gottheiten dieser Welt nicht mit ihm verwechselst und ihnen zu viel Ehre antust. Er selbst wird deiner Imagination magische Kraft verleihen. Habe also keine Angst davor, ihn zu sehr zu verwandeln! Denn selbst dann, wenn er so wiederkäme, wie er zwei Generationen vor mir aus dem galiläischen Nichts ins Sein und auf die Bühne der Welt getreten ist, könnte es sein, dass wir ihn nicht wiedererkennen würden, den Fremden vom Himmel. Und weil dieser Fremde vom Himmel nicht nur der Vertraute aus Galiläa ist, sondern der Welt in welcher Gestalt auch immer fremd bleiben wird und fremd bleiben muss, darfst auch du ihn getrost verfremden! Es gehört zu Christus, dem Sohn Gottes, nur von wenigen – wenn überhaupt – erkannt werden zu können. Mache ihn also fremd! Entstelle ihn bis zur Unkenntlichkeit, die womöglich die wahre Kenntlichkeit ist. Habe keine Angst, dass du nicht ernst genommen werden könntest, wenn du ihn als den ganz Anderen, nie Gesehenen, der Wirklichkeit gegenüber Freien erscheinen lässt. Denn wenn er erkannt würde, wäre er womöglich nur die ewige Wiederkehr des ewiggleichen alten Äons, alter Wein in alten Schläuchen, ein Wiedergänger des alten Adam, ein Gefangener der Mächte dieser Welt und nicht der ganz Andere, der allein uns retten und erlösen kann!«

Er hält inne, studiert meine Gesichtszüge und sagt dann beinahe lächelnd: »Glaub mir, es gibt Grund zur Hoffnung – auch für dich Zweifler und Hoffnungslosen! Es gibt immer und gerade jetzt Grund zur Hoffnung. Denn je mehr der Christus aus der Welt und aus ihrem Gedächtnis verschwindet, desto näher rückt die Stunde, in der er als der ganz Andere, Ungeahnte, Ersehnte und doch nicht für möglich Gehaltene zurückkehren und uns neu und intensiv anrühren kann. Glaube mir: Je grösser die Gottesferne, desto grösser die Hoffnung. Der Schritt von der gänzlichen Abwesenheit Gottes zu seiner welterfüllenden Gegenwart ist nicht der grösste, sondern der kleinste. Je weiter er sich von der Welt entfernt hat, der Nazarener, und je schwächer seine Anziehungskraft geworden ist, desto heller kann sein Stern über welcher Geburtsstätte des Gottessohnes auch immer leuchten, Menschen künftiger Zeiten und Weltgegenden magisch anziehen und jenen, die im Finstern wandeln, als grosses Licht aufgehen. Fürchte dich also nicht! Fürchte dich nicht, ihn dort zu sehen, wo nichts und niemand mehr an Gott und den Menschen erinnert. Fürchte dich nicht, in einer Welt, in der nichts und niemand mehr für Gott spricht, für ihn und von ihm zu sprechen. Und wenn du dich fragst, wie er aussehen wird, der kommende Christus, dann schliesse die Augen. Du wirst ihn so sehen, wie du mich gesehen hast, als ich dir erschienen bin. Du wirst ihn sehen, wenn du den Mut hast, dir die stärksten Bilder des Göttlichen, die stärksten Bilder des Menschlichen und die stärksten Bilder der grossen Sehnsucht deines Lebens aus den Tiefen deiner Seele und aus den Tiefen deiner Kindheit vor Augen zu führen. Du wirst ihn sehen, den einzig Wahren. Du wirst ihn erkennen – so, wie du von ihm erkannt werden wirst, weil du immer schon von ihm erkannt bist.«

Das sagt er. Und nachdem er es gesagt hat, sagt niemand von uns beiden mehr etwas.

Ich schliesse die Augen und spüre, dass ich unter dem Himmel meiner Gegenwart allein bin. Allein mit meinem Nachdenken über Gott und die Welt und den Menschensohn. So, wie Markus jetzt in seiner Zeit unter seinem Himmel allein ist. Allein mit seinem Nachdenken über sein Evangelium und dessen Zukunft. Ich schliesse die Augen. Ich sehe die Nachbilder des Tages. Die Nachbilder der Schrift des ersten Evangelisten. Nach diesen Nachbildern sehe ich lange nichts. Nichts bis auf das Dunkel zwischen den Himmelskörpern, zwischen den Zeiten und zwischen den Äonen. Dann sehe ich ihn. Aus grosser Ferne. Verschwindend klein auf einem verschwindend kleinen blauen Planeten in einem unermesslichen All, das schwarz ist wie die Höhle eines Grabes und dessen Dimensionen unsere Grösse vernichten. Ich nähere mich ihm. Und ich sehe ihn stehen am Meer, unter einem glühenden Himmel. Ihn, den letzten Menschen. Er wendet sich mir zu und blickt mich an. Ich kenne ihn nicht und doch weiss ich, wer er ist. Er ist der, an den ich glaube. Er ist der, der mich retten wird, weil er allein mich retten kann. Er breitet die Arme aus, um mich wie der Vater das Kind, das auf ihn zu läuft, aufzufangen, damit ich nicht falle und verloren gehe in diesem ungeheuren Universum. Er breitet die Arme aus, um mich zu segnen und unverwundbar zu machen gegen alles, was mich versehren und was meine Seele in einer Welt zerschellen lassen kann, für die sie nicht gemacht zu sein scheint. Er breitet die Arme aus wie die Geliebte, die alles für mich tun würde, was in ihrer Macht steht. Er breitet die Arme aus, wie nur der auferstandene Gekreuzigte, der der wahre Herr der Welt ist, sie ausbreiten kann. Ich laufe ihm entgegen und ich rieche den Duft des Frühlings nach einem langen Winter.

Als ich dieses Bild sehe, das Bild des Letzten, der wie im Versteckspiel alle erlöst, hoffe ich inständig, dass es dasjenige Bild ist, das ich am Ende meines Lebens als letztes Bild vor Augen haben werde. Denn ich weiss, dass der, den ich sehe, die Macht hat, den Tod zu besiegen. Und zwar deshalb, weil er die Wahrheit ist. Wahrer als alles, was Wahrheit beansprucht und was diesem Anspruch doch nicht standhalten kann, sondern zergeht wie eine Zeichnung am Strand, wenn die Flut zurückkehrt und sich nimmt, was auf Sand gebaut ist.

Und endlich weiss ich auch, warum das Evangelium des Markus, das an seinem Anfang alles aufbietet, was über diesen Fremden aus dem Nichts gesagt werden kann, so fassungslos und so unvermittelt wie ein abgerissener roter Faden endet. Es endet so, damit ich diesen Faden aufnehme, ihn mit dem Faden meiner Seele verknüpfe und das Evangelium weiterspinne und weiterschreibe, ohne es meinerseits vollenden zu können und vollenden zu müssen. Es endet so, damit ich der Abwesenheit Gottes ein erlösendes Bild der Wahrheit entgegensetzen kann. Ein Bild des Fremden vom Himmel. Ein Bild, das stärker ist als alles, was uns den Atem und das Leben nimmt. Ein Bild des Heilands, der die Ketten der Realität sprengt und die Wunden der Wirklichkeit heilt. Ein Bild des Auferstandenen, der niemals der Vergangenheit angehören kann, sondern Zukunft hat von Ewigkeit zu Ewigkeit.

*»Kids, the fiction is the truth inside the lie,
and the truth of this fiction is simple enough:
the magic exists.«*

Stephen King

Ralf Frisch
Alles gut
Warum Karl Barths Theologie
ihre beste Zeit noch vor sich hat

www.tvz-verlag.ch

Ralf Frisch liest in seinem glänzend geschriebenen Buch Karl Barths «Kirchliche Dogmatik» als selbstbewusste theologische Gegenerzählung. Anhand der wichtigsten Grundentscheidungen von Barths Dogmatik zeigt er Karl Barths Aktualität auf und führt so pointiert und kühn in sein Denken ein.

«Karl Barths Theologie [...] trifft den Nerv unserer Zeit insbesondere deshalb, weil sie je länger, je mehr unbeirrt zur Sprache bringt, wonach sich die Menschen unserer Zeit und aller Zeiten sehnen: dass alles gut wird. Alles, so Barth, ist gut, weil Gott alles gut gemacht hat.»

TVZ, 5. Auflage 2020
204 Seiten, Paperback
ISBN 978-3-290-18172-7
CHF 25.00 - EUR 19.90